男の子のなぞ!

先輩ママだけが知っている
子育てアドバイス

子育てネット 著

大和書房

まえがき

男の子って育てにくい？

「子育て本」といわれる本の読者は、統計をとってみると、圧倒的に男の子のママが多いのだそうです。その理由は、女の子より男の子のほうが育てにくく、育児に悩むことが多いからだろうと、ふつうは考えられています。

でも、それはほんとうでしょうか。

そういえば「一姫二太郎」ということわざは、育児に不慣れな第一子は女の子がいいという意味ですね。でも、男の子のママの話を聞いていると、違う側面が見えてきます。

それは、男の子にはママを育児に夢中にさせるオーラがあるということ。

だから、男の子のママのほうが、育児本を手に取るに違いない、とわたしには思えてなりません。迷ったり悩んだりすることが多い一方で、「そうきたか！」と驚くような反応に出会ったり、「次はどんな行動をするのかしら」といった子育て好奇心を刺激する〝存在力〟が圧倒的なのです。

さて、子育てネットのママが集まって作ったこの本には、たくさんの男の子が登場します。Tシャツで汗も鼻水もふくタクミ君。とっても怖がりでひとり遊びが好きなハルキ君など、その個性はいろいろです。

みんな実在の男の子たちがモデルです。

そしてこの本にはたくさんのママが「わたし」として登場しています。

タクミ君やハルキ君のママがそれぞれ「わたし」としてわが子を見つめ、「男の子はどうしてこうなの」と考えていきます。

だから何人もの「わたし」が出てくるちょっと不思議な本になりました。その中には、あなたに似た「わたし」がたくさんいるのではないでしょうか。

この本には「男の子ってこうなんだ」という発見が書かれています。

でももっとも大きな発見は、異性としての男の子を知ろう、理解しようとして見ていると、子育てが断然おもしろくなってくる、ということなのです。

夫も確かに異性には違いないのですが、男の子がママに教えてくれる未知の世界の広さも深さも豊かさも、夫の比ではありません。

この本を通じて、その楽しさをお伝えできることを願っています。

子育てネット代表　高橋由美

もくじ

第1章 見つけた！ 男の子の4大ルール

ルポ！ 男の子の真実

第2章

ちょっと心配！ 成長がおそい

ルポ！男の子の真実

第3章

いつも ハラハラ！ 危険だらけ

第4章

参りました！ そのこだわりと本能に

ルポ！ 男の子の真実

育児力アップの技

第5章 ママ大好き！ ママも君が大好き

ルポ！男の子の真実

知っとくコラム

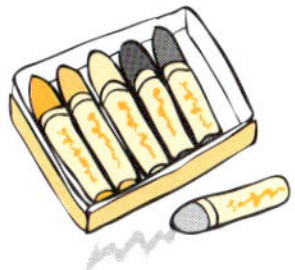

第1章

見つけた！

男の子の4大ルール

ママが見つけた男の子の法則 1

寒くても着ない。ぬれてもささない。いろんなことがめんどくさい。

男の子のなぞを解く、最初のキーワードは「めんどくさい」だ。「なんで男の子ってこうなの!?」と話していくと、最後にはこの言葉にいきつくことが多い。

たとえばわが家のタクミ。彼はボタンのあるシャツは絶対に着ない。着るのはTシャツ、その上にはおるのはトレーナーと決まっている。それなら着るのも簡単だ。脱ぐ時は、2枚重ねて脱いでそのまんま。

そのTシャツは首まわりやすそが、すぐに汚くなってベローンと伸びる。汗を拭くのも鼻水をこするのも、汚れた手もTシャツで拭くからだ。タオルは絶対に使わない。

「だって、めんどくさい」からだ。

カリカリしても通じない

ママは「なんでこんなこともできないの?」とカリカリする。

なんて片づけないの!

「またすぐ散らかるのにめんどくさい」

今日は公園でなにをして遊んだの?

「う~ん、忘れちゃった(めんどくさいと言うと怒られるからな)」

男の子が「めんどくさい」と感じる範囲は、びっくりするほど広い。

わたしたちにとっては楽しみなこと、たとえば洋服選び、買い物、おしゃべりなどを「めんどくさい」と言われた時は、「まあ、男の子ってそんなもんかな」で済む。問題は、やらねばならないことまで「めんどくさい」で片づけられてしまうこと。生活習慣や勉強はその代表だ。

これらを身につけさせることを「しつけ」という。子育てでは大切なことだ。だから必死になって「ああしなさい」と教えるが、男の子の「めんどくさい」反撃パワーは強烈だ。その結果、ママは「○○しなさい」と毎日、同じ言葉ばかり繰り返してイライラ。やがて怒ってばかりの自分の姿に「ほめて育てなくてはいけないのに」と落ち込んだりする始末。どうしたらいいんだろう。

答えはすごくシンプルだ。男の子はもともと「めんどくさい星人」だから、地球の常識を身に付けるのはむずかしいと知っておくこと。だから、男の子のしつけは、怒らず、落ち込まず。繰り返し、繰り返す、繰り返すしかない。

今はTシャツや部屋の汚れなどどうでもいい彼らが、いつかは「めんどくさいけれどやらなくちゃ」と思う日が来る。

彼女が遊びに来る日に「ママに言われていたように部屋を掃除しよう」と男の子が思えたら、しつけの効果あり。男の子のしつけは10年後が達成目標だ。先は長い。

ママはどうする？

しつけは、あきらめずへこたれず、繰り返し、繰り返す。「めんどくさい」反撃に負けるな！

ルポ！ 男の子の真実

これがめんどくさいゼ！

●右も、左も、どっちでもいい

靴は左右、逆にはく。シャツのボタンは掛け違える。シャツのすそはベロンと出しっぱなし。なんで気がつかないかな〜、気持ち悪くないのかな。（3歳）

●脱いだら忘れる

朝登校した服装のまま1日を過ごしているらしい。暑かったら脱ぐ、寒くなったら着るということができない。しかも脱いだら必ず忘れてくる。うちの子だけじゃない。懇談会の日の昇降口にはリサイクルショップのように忘れ物が並んでいる。片方だけの靴下って、その日は片足はハダシってこと？（6歳）

●ぬれてもヘッチャラ

雨が降っていても傘はささない。持っていてもささない。だってめんどくさい。ぬれても平気でかえっておもしろいみたい。傘は、遊び道具と化し、チャンバラしたりドンドン道路をつついたり、あげくの果てにどっかに忘れてくる。（4歳）

●病気になるわけ

生まれつき弱いから病気がち？ いえいえ、違う。手も洗わず目をこするので結膜炎。寒いのに着ない、雨なのに傘をささない。だからすぐ風邪をひく。わかった！ めんどくさいから病気になりやすいのダ！（4歳）

●まるで貧乏……

土曜参観の日のことだった。彼は、うれしくて体半分後ろを向いていた。「ペローン、ペローーン」。何か変な音がする。なんと、次男の上履きの底がはがれて、パクパクしていたのだ。筆箱の中身だって、5センチ以下のエンピツにボロボロにくずれた消しゴムばかり。何で親に言わないの。はずかしかった。（6歳）

●サッサと退散

買い物は基本的にキライ。自分の物を買うとサッサと帰ろうとする。あれこれ見るわけでもなく、かなり即決だ。ならば……と子どものものを最後にすると、買うまで「早く買って、買って」と騒いでいる。自分の買い物がすむやいなや、サッサと帰ろうとする。たまにはママの買い物にも付き合ってほしい。（4歳）

●霜降り状態

洗濯機のフタを開けると、ショック！ 哀れ、洗濯物は霜降り牛肉状態に……。ズボンのポケットからティッシュを出さなかったのだ。バサッバサッと洗濯物を振りさばく。ムナシイ。何回言っても、ポケットはゴミ箱がわり。急いでいる朝ほど、陥りやすいワナだ。（7歳）

ママが見つけた男の子の法則 2

男の子の視野は前方15度。とっても狭い。

子育て仲間に女の子のママは欠かせない。なぜなら、女の子にしか見えない子どもの世界の出来事を教えてくれるからだ。

「昨日は大丈夫だった?」とハルカちゃんのママに言われたのは、園バスを待っている時だった。「タクミ君がすべり台から落ちたと聞いたけど」だって……。エ〜ッ!

そういえば、昨晩は「お腹が空いていない」とめずらしいことを言っていた。「どうして言わないの?」と焦って問い詰めると、「え? う〜ん家に帰ったら忘れた」とタクミ。「頭を打ったの?」と聞くと、「……覚えていない」と頼りない返事。

本当に覚えていないらしい。あきれた!

一緒に遊んでいたユウタくんも「落ちた」と言うだけで要領を得ない。

そうだった、男の子に聞いても無駄だった。こんな時、頼りになるのは女の子だ。

「タクミくんがすべり台でわざとへんな格好をしたから、頭から落ちたの。ゴチンって音がした」とハルカちゃん。ひぇー、どうしよう。

「でもそれからすぐに電王ごっこしてたから、痛くなかったみたい」

報告してくれてありがとう。

見えていても、見ていない

昔からそうだった。公園のトラブルも幼稚園の事件も、当事者である男の子に聞いても全貌がわからない。説明できるのは女の子だけだった。

砂場で起こったケンカのいきさつを、自分はブランコにいても説明できるのは女の子。一方、男の子は隣でケンカをしていても、きょとんとしている。場合によっては、自分がケンカしているのに、どうしてそうなったかがわかっていないことすらある。

その理由は視野が狭いからだ。

男の子は前しか見ない。

自分が今、関心をもっていることしか見ていない。

その視野はせいぜい15度だと、思う。

それ以外は見えない。見えていても「どうでもいいこと」に分類されるので、見えていないのと一緒なのだ。ちなみに女の子の視野は240度はあると思う。

でも、視野が15度ということは、パパにも当てはまる。

パパは探しものが下手。冷蔵庫からバターをとり出す時に、いちいち「どこにあるの?」と聞く。もう一段上の棚をどうしてみないのかな~。道ですれ違う車の車種はすぐに見分けるくせにね。

男の子が大きくなると男になる。当たり前かな。

ママはどうする?

男の子は、前しか見ていない。トラブルがあったら、女の子に事情を聞こう。

ルポ！ 男の子の真実

●「顔」は見たけど…

小2の始業式の日のこと。「新しい担任の先生って、髪の毛が真っ白でしょ？」と言うと「顔は見たけど、頭は見てない」とのたまう。えっ！ 普通は一緒に目に入ると思うけど。（7歳）

●妹は何でも知っている

最近、テレビのリモコン操作を覚えた子どもたち。しかし「スイッチを切ってね」と言うと「ハーイ」とすぐに行動できるのは4歳の妹。5歳の兄はリモコンが見つけられないで「あれどこ?」。妹は日頃から母親のすることを見ていて、どこに何があるかわかっているし、覚えも早い。しかし、男の子は見ているようで見ていない。聞いてるようで何も聞いていない。何回教えても覚えない。いちばん頼れるのは、末っ子の妹だ。（5歳）

彼らは何を見ている？

●女の子の名前は覚えない

席がえをしたというので「隣は誰？」と聞くと、「女だけど名前は知らない」と平然と言った。もう2年も組が同じなんだから、名前くらい覚えてよ〜。（8歳）

●目の前のものもドコ？

目の前にあるものが見つけられない。犬が自分のしっぽをつかもうとクルクルまわっているようだ。ある時、探していたものに近づくと「ピッピッピッ」と声を大きくし、離れると小さくしてみたら、うまく見つけられた。なんでも遊びながら行うと能率アップだ。（3歳）

●頭脳労働は苦手？

片づけているうちに次々と興味がわいてきて遊んでしまう。この箱にはコレと具体的に伝えないと、自分では考えない。大切にしているオモチャ以外は手抜き。ポイポイと箱に入れるだけ……。（3歳）

●厳しいチェック

男の子が遊びに来る時は気楽だが、女の子はちょっと気が重い。男の子は遊びに夢中で、他のことはまったく気にしないが、女の子は「おうち見せて」とお宅拝見となる。部屋が汚いとか、冷蔵庫チェックする子までいる。ヒ〜。（5歳）

●ちゃんと見ていた

道で「ここの電気屋さん、なくなっちゃった」と言われてびっくり。時々、その道は通っていたが、わたしは電気屋さんがあることさえ意識していなかった。好きなお店だったのね。（6歳）

ママが見つけた男の子の法則 3

男の子の50%は男の子らしくない。

わたしには「子育てに自信がないから、ハルキの不安感が強い」と自分を責めていた時期がある。その頃のことで思い出すのは、夕暮れの公園でのことだ。

「ママ、ママとふたりだけで公園で遊べたらいいね」

ハルキはかわいい瞳をキラキラさせて、うれしそうにわたしの顔をのぞきこんだ。

わたしは「エッ！」と絶句した。そして「そんなにも他の子どもが怖いのか」とがく然とした。ママとふたりだけで生きているわけじゃないのに……。

息子はとても怖がりだ。外で走りまわらないし、騒がない。公園では私の足元にいる。「○○ちゃんと一緒に遊ぼうよ」と押し出すと、私のTシャツのすそをギューっと握りしめて固まる。そして、みんなが帰ると砂場に出て、ひとりで遊び始めた。

幼稚園では、毎日泣いているから、園服には涙の筋の跡がたくさん付いている。洗濯してもそこだけがテカテカに光っていて、それを見るたびに切なくなった。

男の子らしいってどういうこと？

だから、この本づくりの時に思い切って発言した。

「みんなの話はうちの子には全然あてはまらない。男の子は元気だということで、まとめすぎていませんか」と。

その時は、男の子の乱暴ぶりをめぐる話が盛り上がっていたから、みんなは一瞬、きょとんとした。それから「ああ、そうだった」と思い出した。子どもの個性は千差万別。男の子以上に男の子みたいな女の子もいるし、逆もある。

それから「うちの子もじつは弱っちい」という発言が続いた。

な～んだ、男の子の半分は男の子らしくないんだ！

じゃあ、男の子らしいってどんな子のこと？

そのイメージは「元気な子」。外遊びが好きで、友だちとガンガン遊び、ケンカもするしケガもする子だ。昔、「わんぱくでもいい。たくましく育ってほしい」というコマーシャルがあったが、あれは男の子の理想みたいなものだ。「わんぱくでもいい」のじゃなくて「わんぱくがいい」のだ。

でも現実は違う。

外遊びが苦手な子、汚れるのが嫌いな子、ミッキーのぬいぐるみさえ怖い子もたくさんいる。女の子にはよく泣かされているし……。

それなのに「こんなに弱虫で大丈夫？」と落ち込むママが多いのは、「男の子は強くなくてはいけない」という思い込みがあるからだ。

知っておこう！　男の子の半分は男の子らしくない。


ママはどうする？


元気がいい！

でも、元気じゃなくてもいい、と思い出す。

うちの子ってどうして？

●男の子だから「青」なんだ

「色は青」と決めている。シャツもカバンも箸も青を選ぶ。青い色が好きなわけではない。本当はピンクが好きだけど、幼稚園に通うようになってから、友だちの手前、「男の子だから青」と自分で決めたみたいだ。大きくなったら、おしゃれにピンクを着こなす子になってくれるといいな。（4歳）

●車よりおままごと

弟はやさしい癒し系。お姉ちゃんたちのおままごとでは、いつも赤ちゃん役。生まれた時はこれから部屋中がトミカとかプラレールに埋まるぞ、と思ったのにまったく違った。ちょっと心配。でもかわいいから、まあ、いいか。（2歳）

●カブトムシが怖い

家族3人でカブトムシとのふれあいイベントに行った。思わず、わたしは「ギャー！」と叫んだ。そのせいかどうか、息子も怖がることしきり。カブトムシ好きのパパは「ぜんぜん、怖くないよー」と必死に息子にアピールしていたが、その日はとうとう、虫にはさわれずじまいだった。哀れ、パパはガックリと肩を落としていた。（2歳）

あぁ〜
涙の園服〜♪
傘でつつかれた…
セキこんで
吐いた…

●園服のタテ縞は……

お弁当を食べるのがおそい、新しい傘をつつかれた、セキこんで吐いた……と泣いてばかりいた長男。3月生まれの彼は、同学年でいちばん小さかった。その園服は、光にかざすと涙で縞模様ができ、テカテカと光っていた。次男にお下がりは着せられなかった。（4歳）

●カワイイほうが好き

ヒーローものには目もくれず、ひたすらハム太郎やシナモンちゃんが大好き。だれの影響でもなく、かわいいモノが好き。幼稚園のお道具箱もハム太郎だ。ただ、だんだん友だちの「ダセー」に敏感に反応しはじめ、いちいちわたしに「これダサくない？」と一生懸命確認するようになった。男のプライド？（3歳）

●オタクの遺伝子

電車マニア。スポーツにはまったく興味がなくて、サッカー教室も1日で拒否。スイミングに通わせようとしたら、頑として動かなかった。わたしはスポーツ大好き。夫もテニスにドライブにとアクティブ派なのになぜ？　でも最近、子ども時代の夫はアニメ好きだったと判明。休日も家でゴロゴロしていて、インドア派であることを隠さなくなった。そうか、遺伝だったのか。（6歳）

育児力アップの技 1

こんな子いないぞ！現実を知ろうよ

親だもの！　こんな子に育ってほしいという夢はある！
夢はあるけど、夢を見過ぎると親も子もちょっと不幸かな。
ママの理想を聞いてみた。こんな子いる？

●歯磨き、洗顔がキライ

●すぐ泣く。
いつまでもメソメソしている

●電車に乗るとすぐ座りたがり、
アメもなめつづける

●いつもボーッとしている

●Tシャツはいつも衿首が
ダラリンとのびている

●ビデオを1日3時間以上
見まくる

●モジモジ挨拶

●人のオモチャも
自分のオモチャも
自分のもの

●部屋の中にダンゴムシ
の入ったビンがある

●洋服でぬれた手や汗をふく

●ひざ小僧がなぜか真っ黒

●足元はビーチサンダル

●脱いだ靴下や服はその場に置きっぱなし

●好き嫌いが多く、ピーマン、にんじんがダメ

●すぐ手が出て、ケンカっぱやい

●スーパーで「これ買って～」と泣きわめく

●「ごめんなさい」が素直に言えない

ママが見つけた男の子の法則4

一目おく。それから、友だちになる。

男の子の友だち付き合いはあっさりしていていいなあ、と思っていた。

下の娘のことでは「女ってややっこしい！」と何度も思っていた。娘は4歳の時には、「友だちとおそろいじゃなくちゃイヤ！」とヘアゴムのことで大騒ぎした。幼稚園ではもう仲良しグループができ、一緒にトイレに行くという。

その点、男の子はいい。グループを作らない。幼い頃のトラブルは、オモチャを取った取られた、噛んだ、ぶったという単純なもの。

小学生になると、遊ぶ友だちは目的別。今日は野球をしたい友だちがここに集まる。ゲームをする時はだれとだれが集まるという具合だ。

しかし、「男の子は人間関係は楽だ」なんて言っていられたのは、小学3年生の時までだった。じつは男の子の人間関係もやっぱりたいへんだった。

そこには、男の子ならではのルールがあった。

「からかわれる」試練

ユウタの表情が暗いなと気づいたのと、「通学の時、リクくんたちに突っつかれていたわよ」と近所のママが教えてくれたのは、ほぼ同時だった。

ユウタとリクくんは幼稚園からの友だちで、サッカーチーム仲間だ。4月生まれのユウタは身体が大きくしっかりしているのでリーダー的な存在。一方、ひ弱なリクくんはユウタの後をついてまわっていた。ところがユウタは運動神経がにぶい。仲間はサッカーが上達しているのに、ユウタは取り残された。そうなると、男の子は残酷だ。サッカー仲間が、何かというとユウタをからかい始めた。イジメているのではない。ふざけてからかう。だから、ユウタも一緒に笑っている。

でも無理して笑っている。辛そうだ。こんな時、親はどうしたらいいのだろう。

パパは「ユウタが自分で強くなるしかないんだ」と言う。

わたしにはそうは思えない。ユウタがかわいそうでならず、何かできることはないかと焦るばかりだった。

でも、パパがユウタに「最近、サッカーはどうだ」とさり気なく話しかけると、驚いたことに本人がポツポツと、仲間から取り残されていることを話し出したのだ。

するとパパは「よし、では基礎トレーニングをしよう。休日は一緒にランニングだ」と宣言。パパすごい！

こうして2人のランニングが始まった。

男の子が変わる時

ユウタが変わり始めたのは2～3カ月後だ。サッカーが上達したわけではない。

彼はどうやら「努力している自分」が好きになってきたのだ。努力している自分に酔っている。パパに言わせると「オレもレギュラーになれないのに、クラブは続けたから。血筋でしょ」だって。

ともあれ、表情も明るくなって、練習に元気に出かけていく。サッカー仲間は、相変わらず、からかったりからかわれたりしているが、ユウタの表情は屈託がない。

ユウタは、ひとまわり大きくなった。自分のいいところを見つけて、それを自信につなげるようになったのだ。

友だちとの関係も変わり始めた。

「リクはからだが小さいけれど頭がいいから、パスまわしがうまい」なんて生意気なこと言い始めた。

以前は、リクくんの長所を見ようとしていなかった。リクくんも「ユウタは根性がある」とママに言っているらしい。

おたがいに一目おく友だちになったのだ。

男の子たちを見ていると、彼らはいつどんな時も「ボクが一番さ」と競い合っている。どっちが早い？　どっちが強い？　どっちが大きい？　に始まり、こんなこと知

ってるか（ヒーローもの）、牛乳早飲み（休んだ子の分をもらえる）まで、いろんな場面で、びっくりするほど競い合う。

その上で、自分のポジションを確認して関係を作っていく。

一番になれないことは試練だ。

でも、これがだめでもあれなら一番、というものを何とか見つける。そして「オレって結構いいじゃん」という自信をつけて成長していく。

だから、友だちづくりは、一目おく、おかれるという関係がポイントになる。

オレはこれがいいとこ。君はこれがいいとこ。その上で、おたがいがんばろう、という感じだ。自分に自信がないと、この関係は作りにくい。

一番だろうとビリだろうと人間の価値は関係ないが、それが理解できるのはまだ先のことだ。競って勝つ必要がある男の子には、親がいいところをたくさん探し出して「すごいね」と認めることが必要なんだと思う。

え？　いいところがない時はどうするかって？

「ママとパパにはあなたが一番！」と伝え続ける。これしかない！


ママはどうする？

どんな時もママには君が一番！いつもシグナルを送ろう。

ルポ！　男の子の真実

遊ぶ・ケンカする・また遊ぶ

●誰と遊んだか覚えていない

休み時間はだれと遊んだの？　と聞いても、サッパリわからない。ドッジボールやサッカー、大縄など、その遊びがしたい子どもたちが集まって、クラスや学年を超えて遊ぶからだ。（7歳）

●実力主義

同じ野球の仲間内で、からかわれキャラの友だちがいた。「なんとかしてあげられないの？」の言ったら、「うまくなればいいんだよ」という答えが返ってきた。力の差が生活場面でも影響するなんて。子どもの世界もキビシイ。（8歳）

●単純な関係？

男の子は気持ちがいい。家に遊びに来る時も、誰が来るのかわからず、約束していない子まで来ていたりする。かと思えば、仲良しなのにイジメられたりイジメたり、かばったりかばわれたり。もまれながらたくましく成長する。（5歳）

●オレが一番！

なんでもすぐ競い合いたがる。ゲームのスコア、牛乳の早飲み、体育で並ぶ時や給食のおかわりにも闘志を燃やす。もう少し実りのあることで競えないものか。それなのに、リレーの選手に選ばれると、やたら弱気になっていたり。家でも、お姉ちゃんと、お風呂や仕上げ歯磨きの順番争いをしている。疲れないのかしら。（6歳）

●なぜゆずれない

担任の先生が言っていた。何でも取り合うそうだ。図工の道具も体育のボールも、男の子たちは、いつも「オレが一番！」「オレが先に使う」と取り合い、譲り合うということを知らない。女の子はだんだん「いいよ、先に使って」とお姉さんぽくなるが、男の子は相変わらず「やったー！　オレが一番～！」と、譲ってもらったことにも気づかず、レディーファーストのかけらもないそうだ。（8歳）

●からかいとイジメの境界線

からかいとイジメの微妙なラインはどこだろう。それがむずかしい。こちらは親しみのつもりでも、相手がイヤだと感じればそれはイジメだ。「だって、○○君も喜んでいるよ～」。そんなワケはない。その加減を子どもに教えるって本当にたいへんなことだ。（7歳）

●ボスのしるし

S君が背中をそらせて「ウオー」と声をあげた。ゴリラのボスが胸を叩いて強さをアピールしているみたい。彼が友だちをからかうのも同じ意味だね。（6歳）

1

知っとくコラム

会話力に男女差がある、は本当？

「女がおしゃべりなのは、脳に違いがあるからだ」という説がある。大脳の左半球（左脳）は言葉や感情に、右半球（右脳）は空間認知に関係が深い。女は左脳の発達が早くて、男は逆。「だから男は会話が苦手。女は地図が読めない」という話はどこかで聞き覚えがあるはず。その上、女は脳梁が太い。脳梁は左右の脳をつなぐ神経組織なので「女は右脳と左脳がスムーズにつながるので言葉をうまく操る」とか。

ところが、脳研究をしている医師に確認したら「その説のもとは20年以上前の古い論文。今は脳梁の太さは大差ないことがわかってますよ。決めつけは危険」と否定されてしまった。

今年はアメリカの科学雑誌『サイエンス』に心理学者が「1日に話す単語の数は平均16000語程度。個人差は大きいが男女差はない」という論文を発表して、女性は3倍多いという定説をくつがえしてしまった。

共感性に違いがある

「会話の量より質に注目するほうがとおもしろいよ」と先の医師はいう。

発達心理学的にいうと、幼い頃から女子のほうが共感性（人の感情を理解しようとする性向）が高いことがわかっている。だから女性はひんぱんに会話するし、日常の細々とした状況を伝え合って互いの理解を深めようとする。一方、男の子は、どちらかというと相手の感情に対する関心が低い。成長すると、働いたり競争したり仕事をする情報交換に役立つ会話に重きをおく。意味のないおしゃべりは苦手でも、論理的な交渉は得意な理由だ。会話の能力に差があるというより、得意分野が違うのだ、と覚えておこう。

第2章

ちょっと心配！

成長がおそい

男の子の成長は各駅停車。トイレ、あいさつ、ひらがな、一駅一駅、停車する。

小学校に入学して間もなく、ひらがなの勉強が始まり、「い」を10個書くという宿題が出た。幼稚園の頃からリョウタにはなんとか「あいうえお」を覚えさせようとしたのだが、本人がまったくその気にならず挫折していただけに、この時は親としてもせっぱ詰まった気持ちだった。

リビングのテーブルに向かい合わせに座り、「さあ、やってみよう」と書かせてみる。本人もかなり緊張している。

そして……10文字を書き終えるのに、なんと40分もかかったのだ。終わった時には親子ともども疲れ果てていた。

一文字あたり4分。

しかも、エンピツをすごい力で握りしめているから、線が異様にギザギザしている。何回も消しゴムを使ったために、紙は黒く汚れ無残な状態。そして、肝心の文字の形は、どう見ても下手だ。

案の定、先生からは×印と赤字修正入りで練習帳がもどってきた。その×印がすごく悲しかった。

リョウタの成長は各駅停車だ。早いおそいを気にするのはよくないと思うのだが、それでもまわりの友だちより、立っちがおそい、言葉がおそいなど、気にかかることが多かった。

年子で生まれた妹が、なんでも要領よくすいすい覚えるものだから、リョウタのゆっくりぶりはさらに目立つのかもしれない。

そもそも幼稚園の妹は、1分あればひらがなを10文字書くなんて楽勝。それどころか、漢字で自分のフルネームが書ける。そんな妹がいることも、彼にはかわいそうかもしれない。

さて、それからしばらくして他のママと話す機会が増えてきた。すると、もちろん簡単に文字を覚える男の子もいるのだが、リョウタと似たような子が結構いることがわかってきた。

「〝の〟でつまずいたわ」

「〝あ〟はまったく無理……」

「うちの子は2年生だけど、いまだに〝す〟が鏡文字になっちゃうのよ」となぐさめてくれた先輩ママもいたけれど……。

う～ん、安心していいのかな。

あれができない、これもできない。できないことが多すぎる!!

「おばちゃん、結んで」

かわいい声が聞こえたので振り返ると、ソウタくんがかわいい足を差し出している。サッカーシューズのひもが結べないのだ。

スポーツ少年にとって、靴のひも結びは必須なんだけれどな〜。「自分で結ぶ練習をしようね」と言いつつ、つい手伝ってしまうわたし。

うちのノリは自分で結べたんだね。えらい。

あれ、でもやっぱりチョウチョ結びができなくて、たて結びになっている。どれどれ、直してあげよう。

それにしても、ノリ、ユニフォームの着方が変だよ。パンツがよれているし、シャツが半分はみ出しているし、気持ち悪いでしょ。何回言ったら直るのかな。

「いいよ」

よくないでしょ。だらしない。

「いいのっ」

よくないの。お願いだからちゃんとして……。

「じゃ、ママ、やって」

どうしてそうくるかなあ。もう自分でできるでしょ。ママに頼ってばかりいちゃダメでしょ。

ホントにどうしてあれもこれもできないのかな。というより、ママとしては「よし、自分でやるぞ！」って思わないのが情けないの。やろうと思わないからできないの。ボタンもはめないし、洋服も脱いだら脱ぎっぱなしだし、くつ下ははかないじゃない。

何回言っても片づけないし、忘れ物はするし、遅刻はするし……もう！

あれ、わたし、こんなとこで何言ってんだろう。

ママのお顔〜
みよちゃん
何かいてるの？
ぼくも〜
ママの顔〜
ぐちゃ
ぐちゃ

ルポ！男の子の真実

できない尽くし！

●じっとしていられない

赤ちゃんの頃から、じっとしていられない。電車に乗ってもキョロキョロ落ちつかない。女の子はチョコンとお座りして外を見たり、お絵かきできるのに……。物ごとを理解する速さも、時期も違うのだと思う。（2歳）

●まるだけ？

お絵かきができない。一緒に幼稚園に入園した女の子は、女の人やそのまわりの花まで描けるのに、うちの子はまだ「まる」。ずーっと「まる」。1歳で初めてクーピーを持たせた頃のぐるぐる描きから、ほとんど進歩していないのではないか。相変わらず紙からはみ出すし。でもまあ、おおらかでいいんだよね。人と花より、不思議な「まる」らしきものの方が、創造的かなぁ。でもなぁ。（3歳）

●まっすぐ歩かない

道をちゃんと歩かない。高いところには登る。穴があればのぞく。棒は拾う。そのくせすぐ「ママ、抱っこ」。（2歳）

●ママはガングロ？

幼稚園で母の日のプレゼントに、ママの顔の絵を描いた。みんなニコニコ顔のやさしそうなママばかり。楽しみにしながら、わが子の描いた絵をみると、顔が真っ黒！　ショック！　黒を使うなんて、何か悩んでいるのだろうかと、すごく心配した。（4歳）

●ついついくらべて……

ゆったり、のんびり。どこかのコマーシャルじゃないけれど、寝返りをうつのも、歩き始めるのも、言葉を話すのも、何もかものんびりだった。ひとり目だったし、まわりに成長の早い女の子が多く、ついついくらべて、かわいそうなことをした。それぞれのスピードで成長するのだから大丈夫。今ならそう思えるが、その時はアセっていた。ごめんね！（3歳）

●カーテンの方向に45度!?

わが子はエンピツが使いこなせない。小学校に上がる前は、ほとんど絵も描かなかったのでペンを握ることから教えた。「の」を書くときも「カーテンの方向に45度の角度でグルッと大きくまわして……」と、親子で練習。人から見ればただの腕の運動にしか見えないよね。ちなみに、教室では前から3つ目の窓に向かって動かすように、となる。（6歳）

●あいたままの袋の口

ちょう結びができない。かた結びもダメ。だからお弁当袋のひもが結べずに、帰りはいつも半開き状態。いつお箸が落ちてもおかしくない。（3歳）

●片づけの後でもゴミはナシ

自分で部屋のお片づけをしてもゴミが出ない。なぜかというと、それはただ周りの壁にそって物を積み上げているだけだ

から。机の上もそう。ただ寄せているだけ。それじゃ、掃除をしたことにならんだろうーが！（5歳）

●かしこいから用心深い?

1歳4カ月のヨチヨチ歩きの男の子。敷居のような小さな段差でも用心する。以前つまずいたのを覚えているみたい。わずか2センチの段差を前に、慎重にヨツンバイになって通る姿は、すごーくかわいい。（1歳）

●寒くないの!?

靴下をはいていられない。雪の日もハダシだから、足の指が真っ赤。（2歳）

●ウンチ・タイム

うちの子はとても几帳面。幼稚園に入園後は、毎朝、きっかり7時40分になるとトイレに行ってウンチをしていた。ところがある日、つらそうに「ママ、もうウンチしていいかな?」と聞く。時間は7時30分。いいとも。（3歳）

●何が心配なの?

家の中でもママから離れられない。だから、食事のしたくを始めると、まつわりついてきて、「あれやって」「これやって」。ひとりで遊ぼうよ。（2歳）

●まあるくして入れる

「服をタンスにしまってね」と言うと「わかったー！」の返事。なんていい子と思ってふと見ると、なにやらボール状のものが…。服をまあるくまあるくしていた。服をたたむのは無理か。（6歳）

●マイ五十音表

なかなか字に興味を示さなかったので、息子の大好きなもののイラスト入りで五十音表を作った。「あ」はアメ、「い」は犬、「う」はウルトラマンという具合。すると効果はバツグン！　あっという間にあいうえおをマスターした。（2歳）

●まだ?

待てない。家では「ごはんまだ?」スーパーでは「まだ終わんないの?」とまだまだとうるさい。もうっ!!（4歳）

ママはどうする?

いつできるかは本人が決める！「早く！」とせかしてもムダ。待つしかない。その時が来たら手助けしよう。

ココいちばんで熱を出す。でも、なんで⁉

「さあ、旅行だ！」となると、わたしは1週間前からちょっと神経質になる。子どもはとにかく早く寝かせる。疲れすぎるようなことはさせない。子どもが興奮して「眠れないよ～」なんてことにならないように、前日もさりげな～く「あ、そういえば旅行だね」という感じで振るまう。

なにしろ、2人の息子たちは、ココいちばんで熱を出す。

アレルギーがある長男に気を配っていると、健康と元気だけが取りえのような次男が当日の朝に発熱したり……。

「ちょっと元気がないけれど、これぐらいなら大丈夫」と思って車で出かけたら、車酔いをした次男にチャイルドシートにすわったまま吐かれた。目がトロ～ンとして、かなり具合が悪そうだ。

独特の甘酸っぱい匂いの中で、かわいそうなことをした、旅をキャンセルする決断をすべきだったと反省する母心と、「なんでこういう時に限って吐くのかな～」という怒りの板挟みだった。

結局、綿密に計画していた一泊旅行をあきらめ、次の出口で高速道路を降りて家に引き返した。ところが、家に着いて1時間もすると、次男はケロリ。宿からは当日のキャンセル料を請求されて、散々だった。

どういうわけか、男の子は「ココいちばん」に弱い。うちの場合、特にふだんは元気で、傍若無人な振るまいが目立つ次男のほうが、その傾向が強い。夏休みが終わって幼稚園が始まる日、旅行の日、わたしが2人をおばあちゃんに預けて出かける日などに限って、熱を出したり、下痢をしたり。あちらこちらのクリニックにお世話になるので診察券がいっぱいある。

ちなみに、男の子のママには「うちの子もよ」と言われる。なぜだろう？

男の子は、弱っちい。けれど気がついたら、強くなっている。

ヒロキは癒し系の男の子だ。すごくかわいくて、そして弱っちかった。

スイミング教室では、順番を待ってコースに並んでいると、どんどん他の子どもに追い抜かれてしまう。

「水に入るのが怖いの？」と聞くと「ううん。他の子が入っちゃう」。

「イヤ」と言えないのだ。

そこで「イヤだ」と声を出す練習をした。小さなか細い声で「イヤだ」というヒロキに向かって「大きく息を吸って吐いて、大きな声で……」「じゃあ、ママと一緒に言ってみよう！『イヤだ、割り込むのはやめて！』」と何回も繰り返した。

お店などでも声が出せない。例えばお祭りの夜店、ヨーヨー釣りがしたくて、人だかりの最前列にいるのに、声も出さずにジーッとお店の人が気づくまで待っている。だから、他の人がどんどん先になる。

彼に自立してほしいわたしは、背後から「さあ自分から言え」と念力を送るのだが、ついにはイライラに耐え切れずに「この子にもお願いします」と言ってしまう。

「自分で言わないといつまでもこのままよ」と言うとたちまち涙目になった。

さて、弱っちいヒロキだけに小学校に入学しても心配事は絶えなかった。でも、「何でも手出しをしてはいけない」と自分を抑えることが多かった。

それでよかったと思ったのは、ヒロキが小学校6年生の時だ。

卒業の記念に、「友だち4人と出雲旅行に行く」と言いだしたのだ。計画も自分たちでやるし、お金も自分の貯金を使うという。

わたしはすごくうれしかった。「お母さん、許してくれないでしょ?」と聞かれたが、わたしの答えは「やってごらん」。「しっかり計画ができれば応援するよ」というもの。

その後のヒロキはすごかった。列車を調べ、バスを調べ、訪ね歩くコースを決め、費用の計算もした。不備なところは教えて計画を直し、最後は一緒にみどりの窓口に並んだ。でも、今度はわたしが口を出すことは何もなかった。

夜行列車で出かけて、夜行列車で帰ってくる二泊一日の旅。その間もとても心配だったが、それと同時に、たくましく成長したヒロキが誇らしかった。

彼はすごく変わった。

着々と内面で成長していたのだ。男の子は自分でやってみて、失敗して、転んで、感じて、たくましくなっていく。

ルポ！男の子の真実

あの頃、キミは弱かった

●今年も……

うちの息子はココいちばんに熱をだす。今日は楽しみにしていた運動会なのに風邪で熱が38度5分もある。一生懸命に練習したおゆうぎもかけっこも出られない。そういえば、去年の年中さんの時もやっぱり熱で遠足に行けなかった。フ〜。どうしてなのかしら？　しかも大きな行事になればなるほどその確率は高い。（3歳）

●診察券でトランプ!?

風邪をひけば小児科、中耳炎で耳鼻科通い、鼻がグズグズしてアレルギー科。夏になれば、とびひに水いぼで皮膚科に行く。公園の崖から落ちて足をねんざして整形外科、目やにが多くて眼科にも行かなくては……。しまいには幼稚園の廊下で頭を打って脳神経外科。わたしのお財布は、病院の診察券でパンパンだ。何時頃がいちばん空いているとか、その隣のドラッグストアが近所でいちばん安いとかまでわかるわ。そんなわけで、公園の後輩ママにはクリニック情報の専門家としてわたしは人気がある（4歳）。

●いつもママと一緒

幼稚園に行きたがらず、毎朝、泣かれた。なんとか、保育士の先生に預けるのだが、日中も、泣いているようで、疲れ果てて帰ってくる。そこで、かわいい布でお守り袋をつくって、中に家族で撮ったプリクラと神社のお守りを入れて持たせることにした。「いつでもママが一緒だよ」と息子は幼稚園の先生にもそのお守りを見せていた。（3歳）

●必死の反撃

3歳の頃、息子が公園で女の子に砂をかけた。女の子のママには「コラッ」と叱られた。それは仕方ないことだけど、その女の子、息子と息子の友だちのT君が遊んでいると、必ず割りこんでくる。T君が好きで独占したいのだ。ママたちは「愛ね」なんて笑って見ているが、毎日ハジかれる息子はたまったものではない。「イヤだよ」とずっと言えなくて、ついに反撃に出たのだ。その気持ちはわかるけど……。イヤだと言えることと、強くなることは同じなんだと思った。（3歳）

●めざせ！皆勤賞

弱くて病気になりやすいといわれる男の子は、幼稚園までは一年中鼻水をたらし、すぐ熱を出す。すっかり顔なじみの小児科の先生も「今日はなに？」と心得たもの。でも小学校に入る頃にはかなり丈夫になる。幼稚園では多かったお休みも減って、小2の時は、皆勤賞をねらって、友だちと競い合う毎日だった。

さらに、お休みした子の給食のオカワリの争奪戦に情熱を燃やす。内科系、免疫系は強くなるけれど、しかし、転落、ケガはますます増えていく。心配は尽きることがないな～。（8歳）

●卒業はまだまだ先？

男の子は女の子にくらべると幼稚だ。幼稚園の時に人気絶頂の「おしり、ウンチ」などのシモネタワードから、女の子はサッサと卒業していくが、男の子はいつまでも続く。大人になってもシモネタ大好き人間はいるから、男の子には卒業はないのかな。（6歳）

●ひとりで塾通い

幼稚園の時には何かにつけて、ビービー泣いていた子が、小3でひとりで塾に通えるほどたくましく成長。今思えば、いちばん下の子が生まれたのを境に変わった。「ぼくはお兄ちゃん」というプライドと自覚かな？（9歳）

●カタカナが書けない

小1の秋の個人面談。お友だちと仲良くできているかしら……と心配しながら先生にお目にかかると、開口一番の言葉が「あの～、息子さんはカタカナのアイウエオがちょっと…」え～！ そんなぁ！ 家に帰るやいなや、五十音を書く特訓をしたのは言うまでもない。そんな彼だが、無事に進学校に入学できたから大丈夫。

●いいとこ探しは大得意

うちの子の長所は超前向きプラス思考なこと。「500人中25番は50人だったら1番」だって！ 部活動でも、「チビなのにうまい、あとから始めたのにうまい」と、いろいろな見方ができて、その発想の柔軟なのに驚く。「おいおい、25番は25番だぞ」と思いつつも、マイペースでいつか何かをやってのけそうな「ボクってYES！」のわが子を見習いたいとさえ思う。（12歳）

●スカートめくり

小1の時になぜかスカートめくりがはやった。やめてよ～と押したら、その男の子は背中を打って号泣してしまった。そして帰りの会で「ボクはK子さんに押されました」と先生に言いつけていた。泣くぐらいならやめれば!?（6歳）

ママはどうする？

焦らずに待っていると、いいことがある！
男の子の子育ては、
焦ると宝物の発見をしそこなうよ。

言葉が少ない。表現だってワンパターン。つらいも痛いも、レベルがわからない。

「どうしたの?」と質問しても、彼らの答えは5W1Hがないので、言ってることがよくわからない。しかも、幼稚園から中1までの3人の息子がみんな同じだ。情けない。だから男の子との会話は「小分け」が原則だ。

「どうしたの」という質問では用をなさないので、「いつ?」「どこで?」「だれが?」と細かく具体的に質問をしていくのだ。3人の男の子に囲まれていると、質問の仕方も手慣れたものだ。でも、そんな母でも、ツバサの件ではびっくりした。

小2のツバサは、ワンパクを絵に描いたような子どもだ。学校から帰るなり、遊びに出ていく。帰宅の時間は5時と決めているが、いつもギリギリまで遊んで、叱られてはたまらないとばかり、走って帰ってくる。

この日もそんなだった。ところが夕食後に、お風呂から出てくると「足が痛い」と言いだした。「ケガしたの?」と聞くと「ジャンプした時、ゴキッってなった」

とケガしたことを思い出したのだった。
「じゃあ、湿布しとこう」とその日はとりあえず寝かせ、翌日、お医者さんに行くと、「骨が折れているね。痛かっただろう」だって……。

ツバサは神妙に「はい」と答えている。え!! そんなに痛かったの!? 知らなかった……。行きは2人で自転車を並べてギコギコ出かけたのに、帰りは大きなギブスをはめられたツバサとタクシーで帰宅した。
「どうして、痛いってちゃんと言わないのよ!」と思わず叱ったのは、何か重い病気やケガをした時に見逃したらどうしよう、と怖くなったからだ。
「ボク、ちゃんと言ったよ」とツバサ。

男の子を守るには、言葉に頼っていてはダメだ。表情や動作などにもっと気をつけなければ。

ごめんね。

おバカはボクらのコミュニケーション。ふざけて、はしゃいで、たくさん笑う。いいじゃん。

男の子っておバカですね。

バカではなくて、接頭語の「お」がついたていねい語の「おバカ」。かわいいなあ～という特別な感情もここには含まれている。

わが家のダイキは、目下、NGワードが好きで好きでたまらない時期だ。幼稚園の友だちと一緒に車に乗ると、「おしり」「ウンチ」「チンチン」という言葉の連呼と合唱が続く。それだけで、笑いまくり、転げまくる。

ママたちが「やめてやめて」なんて反応すると、彼らにとっては大成功！

この反応を「ウケた」と思うのか、ますます舞い上がり、至福の時を迎える。

この時期に、いくら言い聞かせても無理……。ママたちはサジをなげ、知らんぷりして、飽きるのを待っている。

そのうち「しらけた……」という失敗経験を重ねて、飽きていくのだろう。

子どもたちのシモネタ好きは発達の一段階だとはわかっているが、ここまでしつこいダイキには、「ウケたい」というお笑い芸人のハートを感じるほどだ。

ダイキを見ていると、しょっちゅう「おバカね」と笑わせられる。そういえば最近、こんなことがあった。

家に遊びに来ていた友だちの1人が「トイレ」と言い出すと、「ボクも」「ボクも」と3人がトイレに飛び込んでいった。そして3人一緒に1つの便器で用をたしたのだ。

びっくりしていると、これを「3人トイレ」ということを自慢げに教えてくれた。幼稚園では「4人トイレ」もアリだそうだ。

ちなみに2人の時は「バッテンオシッコ」なんだって。

うまい！

けど、おバカですね。

わたしが大笑いしていたら、ダイキは「ウケたぜ！」とニンマリ。

この話には後日談がある。

おばあちゃんの家でこの話題になった時に、「そんなことをしてると人に笑われるよ」と怒られたのだ。すると「笑われるのはいいことなのに、おばあちゃんおかしいね」とダイキはわたしにこっそり言った。

う～ん、笑うことはいいことだけど、笑われるだけじゃダメということを、どう教えていけばいいのだろう。

ルポ！男の子の真実

爆笑！おバカエピソード

●子ども写真館のお兄さん
子ども写真館のお兄さんに子どもの扱いが上手な人がいた。脈絡もなく踊りながら「オナラが出ちゃうよ、ぷぷのぷ〜」と言いながらシャッターを切る。もちろん、どの子も大笑い。すばらしい仕事ぶりに感心した。（3歳）

●それが男さ
「それが男ってもんなんだよ。男はバカ話をするものなんだ」と小6の息子が言っている。そうなの？（12歳）

●鼻クソ談義で3時間
うちの男の子2人は「鼻クソをつけた」「つけない」「どこにつけた」「いつつけた」「何色？」「どんな形？」と旅行の帰り道の3時間、車の中で、その話題だけ……。最後には大ゲンカをして、パパに叱られた。わたしには「鼻クソ」だけで3時間も話せるということ自体、信じられない。元男の子のパパも、理解できないそうだ。（6歳・8歳）

●コミュニケーション
ダジャレはコミュニケーションの一部。「布団が吹っ飛んだ」「山で遭難した。そうなんですか」「アルミ缶の上にあるミカン」など、オヤジも寒くなるようなダジャレをみんなで競い合っている。まとまった話をするのは下手なのに、ダジャレは上手。（6歳）

●シモネタで開花
無口なモジモジ系の男の子。幼稚園生になり「おっぱ〜い」だけは言えるようになり、ハジケられるようになった。自我の芽生え？ 自己の確認？ シモネタも深い。（4歳）

●ボールが2つ？
長男が入園前に電車で出かけた時のこと。電車の中で急に「あのね、チンチンの袋の中にはボールが2つ入ってるんだよ。ビービー弾より大きいけどパチンコ玉よりは小さいんだよ」と話し始めた。まわり中クスクス……。どうもありがとう、よくわかりました。（3歳）

●彼の名誉
5歳ぐらいの時、「勇気のあるヤツはパンツ見せろ」とか、ひたすら、おバカな

ことばかり言って、ゲラゲラと笑い合っていた。そういうお年頃？（5歳）

●うるさい女はキライさ

幼稚園からの帰り道、「女はうるさいな、しゃべり過ぎだよ」と言われた。女ってママのこと？　「うるさい女はキライさ〜」と郷ひろみの歌の替え歌で歌われてしまった時は、あぜんとしてから爆笑。なんでその曲知ってるの？（4歳）

●伝言ゲームは苦手？

サッカーの練習の日、友だちのS君のママから「おばあちゃんの家に行くので休みます」とコーチに伝えてくれと頼まれた。「S君お休みです」とは言えたが、「何で？」と聞かれ、「えーと、よくわからないけど、遠くに行った」と答えていた。まっ、言えただけましか。「この前は伝言ありがとう！」というS君のママには、申し訳なくて本当のことが言えない。（7歳）

●夢は芸人

サービス精神が旺盛。みんながウケるかな？　喜ぶか？　がすべての言動の基準のようだ。将来なりたいものは、1番はサッカー選手、2番はお笑い芸人らしい。（5歳）

●「ただいま！　トイレ〜！」

遊びに夢中でトイレに行くことも忘れている。玄関のカギを開けるやいなや、「ただいま〜！　トイレ〜！」と直行の毎日。間一髪でセーフ。この2つの言葉はワンフレーズでしか聞いたことがない。遊びに対する集中力にはあきれる。（4歳）

●あんまりだ…

学校の池の金魚を池のフチにきれいに並べ、そのまま下校した。当然のように親は呼び出された。彼は純粋に「何匹いるのかなぁ」と思っただけらしい。（6歳）

●加減できない

彼は腹八分目という言葉を知らない。大好きなカツ丼を無理しないでと言うのも聞かず、おかわりし、ついに吐いた。それからカツ丼が嫌いに……。そうして食べられなくなったものも数多い。（5歳）

●夏休みの宿題

ただの白い箱の中に切り込みが60個。フタの内側に「500円玉を入れると3万円貯まる」と書いてある。作品が飾られた学校の廊下で、ママたちがただの箱を見て、先生に「これは何ですか？」と質問していた……。その隣をわたしはそーっと帰ってきた。（9歳）

ママはどうする？

下ネタは無視！
楽しいお笑い大歓迎。
笑って子育てしようネ！

大切なことは話さない。でも、解決がついたら自分で話し出す。

幼稚園から帰ってきたシュンスケの様子がいつもと違う。おバカなことも言わないし、「ママ、抱っこ」とまつわりついてくる。ひざに擦り傷があったので「どうしたの?」と聞くと、「……わかんない」と言うだけだ。

そうか、何かあったんだね。

シュンスケはやがて、一人で大好きなミニカーをジコジコやり始めた。障子の桟をレールにしているのはかなり落ちこんでいる証拠だ。

こんな時、わたしはすぐそばで洗濯物をたたむことにしている。そして「ママはいつでもお話を聞く用意ができているからね」という雰囲気を伝える。

これで「ママ、あのね」と話し始めることもあるし、もっと時間がたってから話し始めることもある。話さずに終わることもある。

シュンスケは2人目の男の子だ。長男の時は、同じようなことがあるとすごく心配して、何があったか問い詰めた。でも、聞き出せることは少ないし、そうやって聞き出したからといって、母親としてできることはほとんどなかった。

男の子は大切なことは話さない。

自分の都合が悪いこと（先生に叱られた。いたずらをしてケガをした。保護者会がある）は話さない。もっと大切なこと（傷ついた。いじめた。いじめられた）も話さない。

でも、本当に話す必要がある時は話す。

男の子にだって、ママに聞いてもらいたい時があるのだ。

そのためにわたしができるのは「待つ」ということ。

2人目の子どもが生まれてから、わたしは、少しだけ待つことができるようになった。そうやって、彼が求めている時に、話をさえぎらず（何でそんなことしたの！　ママがなんとかしてあげる）、ちゃんと静かに話を聞いてあげられると、彼はイヤなことを消化していく。

さて、その次にわたしにできること。それは「今晩は大好きな焼き肉にしよう！」と言うこと。マグロが大好きな長男の場合は、「ママとふたりだけでまわるお寿司に行こう！」と誘う。

男の子のハートは胃袋と直結している。励ましたり、慰めたりするには、食べ物がいちばんだ。

黙っていてはわからない

●学校からのお手紙

兄弟で学校に通っていると、上の子しかもらえない家庭数のプリントというものがある。いつも妹は「お兄ちゃん、今日、家庭数のお手紙あったでしょ?」と催促する。だって、妹はいつも先生からプリントがもらえない。一方、お兄ちゃんは、催促されないとプリントがあったことを思い出さない。絶対にだ。（8歳）

●正面ではなく斜めから

元気がない時に、話を引き出すコツは、まずおやつなど好きな物で安心させること。位置関係は、お互いが自然に視界に入る斜めがベスト。「どうしたの」とストレートに聞くのではなく、「何をして遊んだの」といった周辺の話題から。気持ちが落ちついてくると、「今日、○○ちゃんが……」とポロポロ出てくる。お試しあれ。（4歳）

●ランドセルの置き方

帰宅するなり廊下に放り出すランドセルを、そっと置いたら、必ず何かある。それも、よくないことがあったに違いない。（6歳）

ママはどうする？

傷ついた心に、お肉が効く。マグロも効く。胃袋をおさえるべし！

●これはどういう意味？

連絡帳に「1～9」とメモがしてあった。何の意味かわからない。仲良しのマサト君に聞いても、「わかんない！」。こういう時は女の子のママが頼りだ。結局ミサちゃんに聞いたら、国語の段落の1から9の音読をする宿題が出ていたことが判明した。どうして都合が悪いことは覚えていないのかなあ。（6歳）

●秘密基地

ケガしても親に言わずに自分で黙々と消毒している。地区センターの隅に段ボールで秘密基地をつくって、鉄条網を乗り越え出入りしている。親に言ったら、やめなさいと言われるとわかっているから言わない。お見通しなのにね。（5歳）

●DSのゆくえ

サンタさんにもらった大切なDSがなくなった!? でも、よくわからない。最近は自分でモノを管理するようになったが、しっかりしていないし扱いも雑。机の上もモノの山。DSもなくしたのか、なくされたのか、もしかしたら家のどこかにあるのか、なぞはとけない。（8歳）

育児力アップの技❷

男の子のほめ方・叱り方

ちょっとした一言で気分はよくも悪くもなるものだ。上手にほめて叱って、バトルの少ない平和な日々を送ろう。

ほめ方のコツ

- おだてよ。持ち上げよ。そうとわかっていても気持ちいい。
- 「〜しなさい」はご法度。「〜だとうれしいワ」がその気にさせる。
- 欲張らない。いいところが１つでもあれば認めてあげる。
- 「カッコイイ」は男の子に効く。
- 結果だけでなくプロセスも認めよう。

叱り方のコツ

- くどくど言わない。短く15文字以内で。
- ストレートにガツンと言わないと通じない。
- 何度でもあきらめずに、いつかを信じて言い続ける。
- 別室でテレビは消して集中して。
- 子どもは座らせ、自分は立って上から見下げて。

2

知っとくコラム

「少年たちの危機」とは？

「少年たちの危機」という言葉をはじめて聞いたのは、幼児教育の先生たちの勉強会でのことだ。

男子の学力が急激に落ち、自己肯定感が低いことが、先進国で目立っているという。日本にも同じような傾向があるらしい。

これに対して、ある大学教授は「わたしたち男は歴史的にずっと無理してきたけれど、ようやく、女性より優位ではない、むしろいろいろな面で劣っているという真実を隠さなくてよくなったんです」なんて発言をしていた。

そうかもしれないが、男の子の母としては、自己肯定感まで低いことが心配だ。最近は「男らしく育てよう」という発想をする親がめっきり減っている。それが原因だろうか。

「その逆で、今も男はタフであれ、という固定観念で子育てしている親が多いからではないですか」とその教授は言う。「男の子は泣かないの！」と言ってはいけないのだろうか。

「タフであれ」は勝手な期待

その後の2006年1月、アメリカの雑誌『ニューズウィーク』で、ボーイスクライシス＝少年の危機特集が組まれた。アメリカでは、男子小学生の学習障害児は女子の2倍に、学校嫌いも増えている。少年の自殺は少女の6倍もあるという数字にびっくりした。

心理学者のポラックは成長の過程で「強くあれ。感情を表に出すな」と育てられ、「女みたい」と友だちにからかわれるという現実に繊細な少年たちが傷ついているからだと原因を説明していた。競争社会であるアメリカでは「タフであれ」という周囲の期待は日本以上のものに違いない。わたしたちも気をつけよう。

第3章

いつもハラハラ！危険だらけ

こわした、ぶつけた、ケガをした。子どもも保険はもとが取れる。

わが家の3人の息子たちは、みんな耳かきが大好き。小さな頃から、耳かきタイムには、順番を争うようにママのひざに頭を乗せる。

ある日のこと。いつものようにお風呂のあとに「耳かきタイムだよ～」と彼らに呼びかけた。ところが、なぜか年長の次男だけが寄って来ない。変だぞ。なかば強引にひざに次男の頭を乗せて、耳を見ると……穴がない。

エッ！　なぜ!?

目をこらして耳の穴を見ると、そこには何かが……。あわてず焦らず、ライト付きの耳かきを使って慎重にかき出すと、それは黄色いビービー弾だった。背筋が寒くなった。

「なんで、すぐに言わないの!!」と怒ったのは言うまでもない。あの瞬間を思い出すと、今でもゾッとする。

そんな話を先輩ママと話していたら、「男の子の成長って、危険とケガがつきものなのよね。うちの子は子ども保険のもとを取ったわよ」だって。

たしかに、子どもたちはよくケガをする。転んだ、ぶつけた、落ちたといっては、近所のクリニックのお世話になり、先生から「今度はどうした?」と聞かれる。

「よくこの程度のケガですんだ」とゾッとしたこともある。

恐ろしいことに友だちにケガをさせたり、ガラスを割ったり、自転車で歩行者に突っ込んだこともある。安全を守ろうとするわたしの手から、子どもたち自身が脱走していく。

「腹をくくるしかない、と思う」と先輩ママは言う。

子どもは親の見ていないところで成長する。「いつもいつも見てたら、子どもは成長しないよ」と言うのだ。

そうだ、と思う。心配だけど、腹をくくるしかないのだ、と思う。

わかった！
動いていないと、死んじゃうんだ。
いつも泳いでいるマグロみたい。

男の子は本当にじっとしていられない。止まることができない回遊魚みたいだ。

動物園に行った時、「ほら、ゾウさんよ」と生後4カ月のソラに話しかけていた。気がつくと、小1のヒカルがいない。「どこ～」と叫んだら、「ここ～」と上のほうから声が聞こえた。ヒカルはゾウの檻の横にそびえる大木の上にいた。しかも自分で登ったくせに、自力では降りられなくて大騒ぎになった。

ヒカルは目を離すと、いろいろなことをやってくれた。その度に「こらっ！」と怒鳴ってきたわたし。

ヒカルに限らず、わが家の男の子たちは、動きも激しいし、物の扱い方もいたって乱暴。当然、傷みも早い。

たとえば、ヒカルのランドセルは2年生になった時には、もうすでにゆがんでいた。「ただいま」と帰ってくると同時に廊下に放り出すからだ。

最近、学校の運動会用に新しい運動靴を買ったのだが、少し足を慣らそうと思ってはかせていたら、運動会当日にはすでにボロボロになっていた。運動靴は1カ月でお古になる。

その運動靴の横には、これもボロボロの傘がある。

どうしてもほしいというので買ったPUMAのロゴ入り傘。でも、地面に叩きつけながら歩くので、まず先っぽが傷だらけになった。棒がわりにふりまわして、チャンバラをするから柄もゆがんでいる。だから100円均一で売っている傘で十分だって言ったじゃない……。

男の子には高いものを買わない、持たせないと決めた。

ルポ！男の子の真実

生きててよかった。いたずらもオマカセ

●駐車場で消えたキミ
隣の駐車場は1・5m高い。そこからひっくり返って下に落ちた。泣きながら顔をあげると、何やら額に黒い物が……。木の枝が額に突き刺さっていた。フタの役割をしたらしく出血は少なかったが、すごい光景だった。（2歳）

●おかげでホームラン
ボールが目に当たった。なぜかその後の打席のリズムはよく、直後の打席で、ホームランを打った。（8歳）

●大胆
いたずらがダイナミック！　1歳半頃、ごま油を台所から持ち出して布団の上に振りまいた。段飾りのお雛様を組み立てていたら、いきなり段々を登り始めたこともあった。

●大きめは不要
男の子の服を買う時はジャストサイズでいい。破けちゃうし、穴もあくし、汚れるし、お下がりにならない。傘はチャンバラする。壊れる。大きめも高いものも要らない。（4歳）

●虫メガネで
おとなしく、やさしい子だと思っていたのに、ある日、出窓に乗って虫メガネで太陽の光を集めて虫を焼いていた。わたしは恐ろしくて、三重唱の悲鳴をあげた。かわいそう！　落ちたらどうするの？　火事になったらどうするの？　することが予測不可能。（3歳）

●テロリスト
障子は手の届く範囲はすべてビリビリに破かれ、桟だけになった。網戸も爪を立てて破られた。縦に切り込みが入り、蚊は入り放題だ。引き出しや棚、箱の中身も全部出す。食品ストックはキラキラと目が輝く格好の探索エリア。コンソメやカツオだしなどをぶちまけたこともある。すごい破壊力。（1歳）

●ベビーベッドは無理！

生後1カ月ですでに手足をバタバタ。寝ていてもどんどん動くので、3カ月でベビーベッドを断念。4カ月には布団の上を、一晩で一回転。妹は1歳になってもベビーベッドが使える。この差は何？

●男の子ってイタイ

座っている膝の上に乗られると、モモの上がイタイ。髪を引っぱられてイタイ。手をつなぐと、指を一本だけ握りるので引っぱられてイタイ。抱っこすると、骨ばったおしりが突き刺さるようでイタイ。顔を肩にのっけられるとあごがとがっていてイタイ。夜中も寝相が悪く、蹴られたりぶたれたりしていて特にイタイ。男の子ってとってもイタイ。（2歳）

ママは
どうする？

ママは心のお腹を太らせる。
どんなことでもどんと受け止める。
鈍感力がプラスに働く。

●男は戦う生き物？

パパと遊ぶ時は、蹴ったり、たたいたり……。パパはプロレス技をかけたりしてすごく乱暴。顔つきも戦う男の顔になり、ママと遊ぶ時とは違う人格？（3歳）

●疲れ知らず

遊んでも遊んでも「疲れた……」とは言わない。「疲れた時＝眠る時」というくらい、動き続ける。（2歳）

●家の中はダメ

友だちが遊びに来ると、家の中で座布団をベースにして野球をする。外でもするけど、家でもする。かくれんぼもする。しかも、ホコリがたまっていそうな所ばかりに隠れる。中学生になってもやっていた。やめて……。（12歳）

●じっとしていられない

学校の朝礼で、じっと立っていられない。男の子の列はいつもユラユラ。そして何かやらかしている。（6歳）

●ケンケンで帰宅

1年生の時、廊下の段から飛び降りて捻挫した。保健の先生に「大丈夫、帰れるよね」と言われ、「できません」と言えずに徒歩20分の山の上の家まで、片足でケンケンしながら帰ってきた。汗だらけだった。しかし翌日は筋肉痛もなく、登校した。すごい。

●身がモチマセン

買い物の途中、ちょっと立ち話しているだけなのにいきなり足元にタックル。部屋でちょっと横になっていると、「ママ～」とダイブしてくる。「遊んでよ～」と来ると、必ず戦いごっこで、パンチ、キックが炸裂だ。少しは手加減してよ。ママだって女の子なんだもん。（4歳）

怒ると……こわす。

怒りという感情はとてもやっかいだ。大人だって男女を問わず、怒りのあまりとんでもない行動に走ることがある。

子どもの場合、怒りをコントロールするのはとてもむずかしいことだと思う。ハルトは2歳の反抗期には、自分の気持ちをうまく話せないイライラでかなり暴れた。それを叱られて、本人も悪いとわかっているのに、自分の気持ちが収まらず、怒りながらオイオイ泣いていた。

反抗期が過ぎたら、今度は、オモチャの取った取られたで友だちをぶったり、女の子に言い負かされても、自分の言いたいことが言えず、結局、その子のおしりをかじるという行動にでた。カッとしやすい性格はわたしに似ているかも。

さすがに卒園するまでに、人、とくに女の子に暴力をふるうのは絶対にいけないことだと徹底的に教えさとし、ハルトもがまんすることを覚えたのだが……。

最近のハルトは怒るとモノに当たる。ミッキーのぬいぐるみにパンチを浴びせるから、ぬいぐるみの縫い目から綿がはみ出て痛ましい姿になっている。怒りにまかせて、バタンバタンと乱暴にドアを開け閉めし、廊下を踏みならして歩くから、家の傷みも心なしか進んでいる。

しかし、先輩ママに言わせると「まだまだ甘い」らしい。男子中高生のいる家の壁は、ボコッとへこんだ跡が1〜2カ所あるのが当たり前だという。

「壁にかかっているカレンダーや絵の下には、ほぼ穴があるのよ。男の子が、パンチを壁にくらわせた跡」

ハルトを見ていると、そうかもしれないと思えてくる。激しい怒りがわいてくると、体で怒りを表現せずにいられないのだ。

モノをこわす、グーでパンチ、バットの素ぶりなど、激しく体を動かすと、ハルトもようやく落ちつく。

心を整理したり、反省したりするのはそれからだ。

自分から「さっきはごめんなさい」と言ったハルトは、モヤモヤが晴れてすっきりした様子。絶対に怒りをぶつけてはいけないモノや場面はたくさんあるが、ミッキーのぬいぐるみは許される範囲、とわたしは思う。

ハルトには、グーでパンチが必要なことがあるんだよね。

でも、壁に穴をあけられるのは、やっぱり嫌なんだけど。やがてはわが家にも穴があくのかしら。

ルポ！ 男の子の真実

激しい怒り、そのワケは？

●男はツライよ

言葉はおマセな女の子にはかなわない。「女の子に手を出すな」ときびしく教えられているので、がまんしているが、言い負かされてイライラ。ひどい女の子になると手まで出る。耐え切れなくて逆襲すると、すぐ先生に言いつけられ余計に怒られる。なんて理不尽な世界なんだ！ 次男は早くクラス替えのあることだけを望んで暮らしている。（9歳）

●恐怖のハサミ事件

幼稚園の年少さん同士がケンカをして、ハサミで相手の顔に傷をつける事件があった。目の横だった。もし、もう少しそれたらと思うとゾーッとする。うちの子はおとなしいほうなので、同じクラスの子がそんなに激しいケンカをするなんて、本当にビックリした。（3歳）

●キレる息子

「宿題は？」と聞いただけなのに、「うるさいなー！ 今やろうと思ったのに～」と、逆上する。漢字の練習中に「書き順が違うよ」と言っただけで「見ないで！ イライラする～!!」と、激怒する。あなたはどうしてそんなに荒れているの？ 原因がわからない。もしかしてカルシウム不足？（8歳）

●ママはボクじゃない

ママと自分の区別がまだできずに、自分のことは全部ママもわかると思っている。7歳の今も、ますますパワーアップして、地団駄踏んで怒り狂う。ホトホト疲れたワ。イライラしてこっちもブチ切れると、火に油。あー、もう限界……。

●がまんの末にガブリ！

仲のいい友だちにいつもオモチャを取られて泣いていた。ところが、ある日、オモチャを取られた途端「ガブッ」。公園では、キツイ女の子にがまんできず、反射的に噛み付いた。その子の背中にはクッキリ、歯型がついていた。親としては、相手に申し訳ないだけでなく、子どもの凶暴性を発見したことがショックだった。（2歳）

●ジャングルジムを投げた!?

ウルトラマンの録画を忘れてしまった時、今までに見たことないくらいの剣幕で長男が暴れて、「オリャー！」と大きなオモチャのジャングルジムを投げつけた。その頃わたしは下の子の世話で手いっぱいだった。彼はいろいろがまんして頑張っていて、怒りとともに緊張の糸が切れたのだと思う。その話をすると5年たった今も、てれくさそうだ。（4歳）

ママはどうする？

怒る子どもを背中から抱きしめる。ギュッと抱くと怒りが収まる。

育児力アップの技③

イライラしてたら、こうして発散

心のモヤモヤをすっきり解消！
お金もかからず、今すぐできる方法はこれだ。

紙をやぶく

朝刊1日分を折りのまま力技で破く。丸めてボール状にしてゴミ箱めがけて投げつけるのもあり。使用後は、紙ゴミに分類することをお忘れなく。

叫ぶ

電車が通っている時に合わせるのが鉄則。タイミングをはずすと、まわりの人にわかってしまうので要注意。お腹に力が入るア行がオススメ。線路が遠い場合は、車の往来の多い幹線道路沿いでもOK。

パンチする

ストレスが爆発しないうちに、1日1度はサンドバックのように座布団を殴る。ほかにも外を走り回るなど、体を動かし汗をかこう。

[番外編] 古着を引き裂く

紙よりも強力なのが古着。特にデニムのGパンは手ごたえ大！ 家族みんなで引っぱり合えば綱引き状態だ。一気にストレス解消だ。

「うん、もうやらない」とかわいい**返事**。でも、すぐに**忘**れちゃう。

聞き分けがないのではなくて、ケンタの場合は、聞いていない。路肩の高いところに登ってはいけない、家の中でボール遊びはいけない、と何回も繰り返して注意して、その度にちゃんと「うん、わかった」と返事するのに、やっぱりやる。

公園で遊んでいる時に「トイレは?」と聞くと、絶対に「大丈夫」と答えるのに、家に近づくと、もれそうで、必死に手でおさえている。「早めにトイレに行こうよ」、と言えば「うん」と返事するが、毎日、同じ繰り返し。

そんなケンタを見ていると、「やりたいこと」にすごく忠実。「こうしてみたい」とか「これはおもしろいぞ」となると、その気持ちを抑えることができないのだ。

そんな時に「やっちゃダメ!」と言われると、一応は聞き分ける。本人もちゃんと理屈では理解する。

しかし、彼には言うことを聞けない種類のことがある。すると、「もう、やらない」→「でも、やりたい」→「よし、やろう」と、気持ちは瞬《また》く間に切り替わっていく。まるでテレビ画面が切り替わるように素早い。そして、都合の悪いことはケロリと忘れ、同じことを繰り返す。

頑固だ。

でも、命にかかわる重大なことや他人を傷つけるなど、「いけない」度が高いことは、教えるわたしの真剣さや迫力が違うのか、きちんと守るところを見ると、状況を理解した上での、かなりしたたかな「忘れん坊」なのかな。

叱っても、効果があるのは30分。しつけは繰り返し、繰り返し、繰り返す。

「叱っても、すぐに忘れる。効果があるのは30分かな」

ひとりが言うと、「そうそう。軽く聞き流されているみたいでむなしい。それなのに、しつこく繰り返す自分がイヤになる」と他のメンバーが言葉を続けた。

うちも事情は同じだ。夜、「明日の時間割はそろえたの?」と聞けば返事がない。しつこく言うと、「わかっている」とうるさがる。結局、朝出かける前に、あわてそろえ、「登校班に間に合わな〜い!」とドタバタと怒って出かける。だから当然、忘れ物も多い。

「だから言ってるじゃん! フン」と、毎朝、思う。これって、いつまで続けなければいけないのだろうか。

「身につくまで、ずっと言い続けるのが母の仕事かな」とメンバーのひとり。

本人が「これが必要なんだ!」と自覚できるまでルールは身につかないものだが、

だからといって、親がルールを教えることをあきらめてはいけない、というのだ。

その時は、聞き流していた言葉が浸透して、本人の成長とともに、ある日、突然、自分から母の言葉に従う日が来る。

「子どもの成長は徐々じゃないから、しつけの効果に親は気がつかない。でも、突然、階段を上がるみたいにグンとのびるから」

しつけは、できるまで繰り返し、繰り返し、繰り返すもの。

根くらべだ。

「でも、ああしなさい、と言い続けてもダメな場合は……」と言い始めた先輩ママは、「いっさい言わないほうが効果絶大な時もあるよ」と言葉を続けた。

押してもダメなら引いてみるのもしつけだと言う。

そのママは、子どもが小3の時のある日、起こすのをやめたのだという。

「それまでは、何回言っても、ベッドを離れない子どもにイライラしていたの。そんな自分にもうんざりして悪循環。で『明日から一人で起きて』と宣言した」

ふむふむ、それで？

「その日は遅刻した。翌日も遅刻……。でも3日目からは自分でちゃんと起きるようになったのよ。『ママ、ひどい』と恨んでたけど」

それは、子どもの成長を信じているからできる正しい方法に思える。

思えるのだが、実行できないのは、うちの子の場合、毎朝、平気で遅刻しそうだから。もう少しお兄ちゃんになったら、うるさくするのやめよう。

ルポ！ 男の子の真実

コレもしたい、アレもしたい！

●出しっぱなしの犯人は？

脱いだ洋服をどうするんだっけ！ 牛乳出しっぱなしは誰？ ホント、いつも同じことばかり注意されるのは息子。その点、娘は優秀！（6歳）

●学校の用意

毎日がこのことで格闘だ。「先にしたくして時間があまったら遊ぼうね」と言うと「わかった」と言うけど、ギリギリまで遊んで大あわてでしたくする。だから忘れ物も多い。いつも最後はドタバタだ。「だから毎日言ってるのに」と母は思う。注意する時に、同じことを繰り返し、繰り返し、その都度注意して、最後には「何回同じことを言わせるの!!」とケンカになる。（7歳）

●まったく変化ナシ①

幼稚園の頃から16歳になった今でもずっとイライラ！ 靴下は脱いだら脱ぎっぱなし。何度言ってもお弁当箱を出さない。『出さないと翌日は作らない』と宣言をしても、作ってくれるものと信じているのか、気にしていない。

●まったく変化ナシ②

好きなキャラクターはずっとウルトラマン。好きな食べ物は中2になった今でもカレーライス。何も考えていないのね。

●朝は無理！

朝、起きてきて「今日、家庭科で使う材料を持っていく」なんて言いだす。じゃがいもや玉ねぎはいいが、肉や魚は急に言われても無理。（10歳）

●怖い思い

男の子は失敗して覚える。ボールを追いかけて道路に飛び出して怖かったこと。自転車でぶつかって、ここで止まらなくてはならないと覚えたこと。女の子は失敗しないように気をつけるが、男の子は痛い目にあって覚えていく。（5歳）

●その気になれば

近所のママの話。高校生の息子が部屋を自分からそうじするようになった。それまではグチャグチャだったのになぜか……。それは彼女が家に遊びに来るからでした。必要ならできるのよ、って。

●期待しない

話を聞いてわかる力は想像以上に低いと思った方が無難。自分で痛い目にあうとか、友達がたいへんな思いをしている場面に遭遇するとか、体験的なことでしか学ばない。口で言っても半分以上はわからないものなのだと思うべし。期待しなければ腹も立たない。（8歳）

●やっと……学んだ

身長より高いところから飛び降りないということを何度も捻挫して、ようやく覚えた。また着地地点がジャリだとうまく飛び降りられないこともだ。（7歳）

●懲りないヤツ

わが子は変なところでプラス思考。楽観することが得意。叱られても懲りない。忘れ物や遅刻も、怒られた時はその場でしょんぼりして反省しているが、とにかく立ち直りが早く、怒られたことすら、すぐ忘れてしまう。懲りずに、何度も何度も、同じことを繰り返す。（6歳）

●「着替えなさい」の４段活用

一日中朝から晩まで毎日毎日言うことが同じで言うのがイヤになるくらい。朝も、「着替えなさ～い」「着替えちゃいなさ～い」「早く着替えなさい！」「着替えなさいって言ってるでしょ！」という4段活用で変化していく。（3歳）

●甘いんだな、読みが

何度も繰り返すのは言われたことを忘れるから。次男に聞いてみたら、「今度はいいかなあって思うの」と。いけないことは、いつでもダメよ。（4歳）

●予定は未定

予定はあくまでも予定。「変更しよう」と言うといきなり怒る。納得するまで出かけられない。間に合わないこともしばしばあった。これから先も思いやられるワ～、フゥ～。（2歳）

●優先順位なし！

次から次へとやりたいことがいっぱい。食べるのか着替えるのかしゃべるのか……。そのカッコ、何とかして。（4歳）

●頑固

どこまでやったら怒られるかの空気が読めない。6才の妹はすでに習得済みで、同じことをしていても、怒られる寸前でやめるのでセーフ。兄は自分で納得すると聞き入れるが、それ以外は右から左に抜けていく感じだ。（7歳）

ママはどうする？

本当に大切なことは、ピシリと指導。それ以上、言わない。

3

知っとくコラム

戦いが好きなのはなぜ？

「なぜ男は競争や戦いが好きなの？」というといろいろな意見が返ってくる。それも当然だ。歴史も文化も育てられ方にも理由があるからだ。では科学的にはどう考えられているのだろうか？

「1回の射精で放出される精子は1億個もあるのに、卵子にたどり着ける精子は1個あるかないか。男は競争する運命なんだ」という説は、「そんなの関係ない」と突っ込みたくなるけれど、じつは案外、本質的なのだという。

自然界にはオス同士が、激しいメス獲得競争をする動物が多い。シカの角も、アザラシの牙も、カブトムシの角もオスが戦う時の道具だ。オスはたくさん生殖行動をする能力があるのに、妊娠・出産・子育てをするメスはすべてには応じられず、強いオスを選ぶ。だからオスは戦う。人間にそんな本能が残っていても不思議はない。

脳を刺激するホルモン分泌

テストステロンという男性ホルモン分泌と「男の攻撃性」に関係があることもわかってきた。妊娠中のある時期の男子の胎児にはテストステロンが大量に分泌される。すると脳の女性的特徴が失われてしまう。誕生後の2週間から6カ月頃にも、分泌がハイレベルになって脳に影響し、攻撃性や気の短さを高める作用をする。その後、分泌はレベルが下がり、思春期に再び爆発的に上がり、性的な衝動が高まる。

じつはこの後の4歳頃にも山があって行動が活発化する。言われてみると、男の子と女の子の行動の違いが目立ち始める時期だ。「癇癪はホルモンの影響かな」と思って男の子に接していると、子育てに少しゆとりが生まれる。

第4章

参りました！
その
こだわりと
本能に

男の子は、棒を集める生き物である。

コウヘイのおかげで、わが家の玄関の横は、まるでビーバーの家のようだ。公園に遊びに行った帰りに毎日毎日腕いっぱいに抱えきれないほどの棒を拾ってくるからだ。

「捨てていい?」と聞くと、答えは決まって「ダメ〜エ!」。

どんな棒でも集めているわけではなく、彼なりに理由《こだわり》があって、拾った棒をコレクションに加えるのだが、その基準はちょっと見ただけでは本人にしかわからない。

「コウヘイ君はまだいいわよ。うちのフウタは〝ゴミ〟コレクターだもの」と言うのはとなりのママ。

フウタ君のポケットの中は、同じ形の葉っぱや蝉の抜け殻、小石、ビービー弾などヘンテコなものでいつもいっぱいなのだ。妹のカナちゃんが拾う石はきれいだとか、形がかわいいとか、理由がわかるのに、「フウタのセンスは理解を超える」とフウタママはなげいている。

しかし、コウヘイのコレクションや行動をよ〜く見ていると、わたしには「そうなんだ！」と新鮮なことがたくさんある。

たとえば、わたしには最初は理解不可能だった棒を選ぶ基準。それはまず、機能優先と見受けられる。つまり振り回すのに手ごろであること。ハリー・ポッターの魔法の杖がたぶんその理想だと思う。

一種の戦いの道具と見えなくもないが、実際に使わなくて、集めるだけで十分なところがおもしろい。

美しさへのこだわりもある。表面がなめらか、真っすぐで節目がないなどなど。わたしには汚ないだけの棒も、彼にはカッコいいと思えたりするのだ。

何よりおもしろいのは、5歳にして「そろえよう」という欲求があることだ。

これまで、枝が二股にわかれたものがなかったから集めておこう、というような。ということは、彼なりに集めた棒を分類している、ということになる。長さ、重さ、素材、使い方などで分類があるのだ。

子どもは、世界を探検してモノを集めているのだと思う。昔、未知の世界を探検した人が、珍しいものを持ち帰って博物館を作ったのと同じじゃないかな。

クギやネジ、石ころにカード、あれこれ分類したり、ズラリと並べてながめてはニンマリして、彼らは、しっかりと知的な探検をしているんだ。すごいなあ。

コレクション行動、おそるべし！

車輪ものが大好き。でも電車好きとミニカー好きは、交わらない。

「男の子は車輪ものが好きだよね。女の子は興味を持たないのに不思議」

そう。男の子の多くが電車や自動車が好きだ。どこへ行くにも三輪車を愛用する。誰が教えたわけでもないのに、乗り物絵本をボロボロになるまでながめ、道路で消防自動車を見ると興奮する。ただし……、

「乗り物好きは、やがて電車（プラレール）派と自動車（トミカ）派にわかれる。そしてそれから一生、わかれたままになる」

これは子育てネットのマニアの定理その1だ。

定理その2は、次のようになる。

「自動車派男子のマイブームは移ろいやすく、電車派のブームは一生続く」

トミカを集めるのが好きな子はヒーローものに移行して、恐竜、昆虫へと興味を広げる。飽きやすく子ども世界の流行に敏感（というか流されがち）でもある。

一方、電車派は2歳にして山手線一周の駅名を覚え、小学生で時刻表を熟読し、プラレールから模型のNゲージへと、一途にマニア道を歩いていく。

どちらかというとトミカ派はスポーツマン、プラレール派は知性で勝負（オタクも含む）する大人へと成長する。

だから鉄道マニアのパパはたくさんいるが、趣味と言えるぐらい自動車マニアのパパは割合に少ない。

「鉄道は奥が深いから、一生の趣味になるのさ。プラレールが好きなら、その興味は変電所のしくみにまで広がる。日本の地図、時刻表など知的な刺激がいっぱいあるからね。トミカの知的興味はせいぜいエンジンまでだからさ……」だって。

これは鉄道マニアのパパの発言。35歳を過ぎてもはり合おうとするんだ！

ママ〜待って〜！
も一 歩いた ほうが 早いのに…
キコキコキコ
にゃ〜

オオ！ マイブーム

●手いっぱいのシアワセ

散歩のたびに、落ちている木切れや石ころを集める。持ちきれないと、ママやお姉ちゃんにまで「持て」と言う。1個でも捨てようものなら、怒りまくりのぐずりまくりだ。息子よ、なぜそこまで集めるのか、母には理解できないぞ。（2歳）

●愛読書は……

ひとりで字が読めるようになり、暇さえあれば乗り物図鑑を見つめている息子。わたしにクイズを出すが、ハイレベルでサッパリわからない。路線図もほとんどインプットされている。（5歳）

●VSE弁当

息子の大好きな小田急電鉄の新型ロマンスカーの形をした駅弁を車中で食べた。もちろん弁当箱は持ち帰って来たが、その弁当箱を、毎日幼稚園に絶対に持って行くと言ってきかない。いくらなんでもデカいっつーの！（4歳）

●電車のために回り道

家族で車で出かける時も「電車は？」としつこく聞く。電車が見られないと不機嫌なので、遠回りしても、わざわざ電車が見えるルートを選んで出かけている。そして、いつも渋滞にはまり後悔するのだった。トホホ……。（2歳）

●テスト

サイクリング中の父子の会話。「これは？」「プリウス」「OK」。「あれは？」「ビーエム」「よし！」。その勢いに圧倒された。そんなことより、九九を覚えようよ！（8歳）

●交通整理好き？

信号が青になると、歩行者用に流れる音楽を歌う。歌いながら「人を通したり、

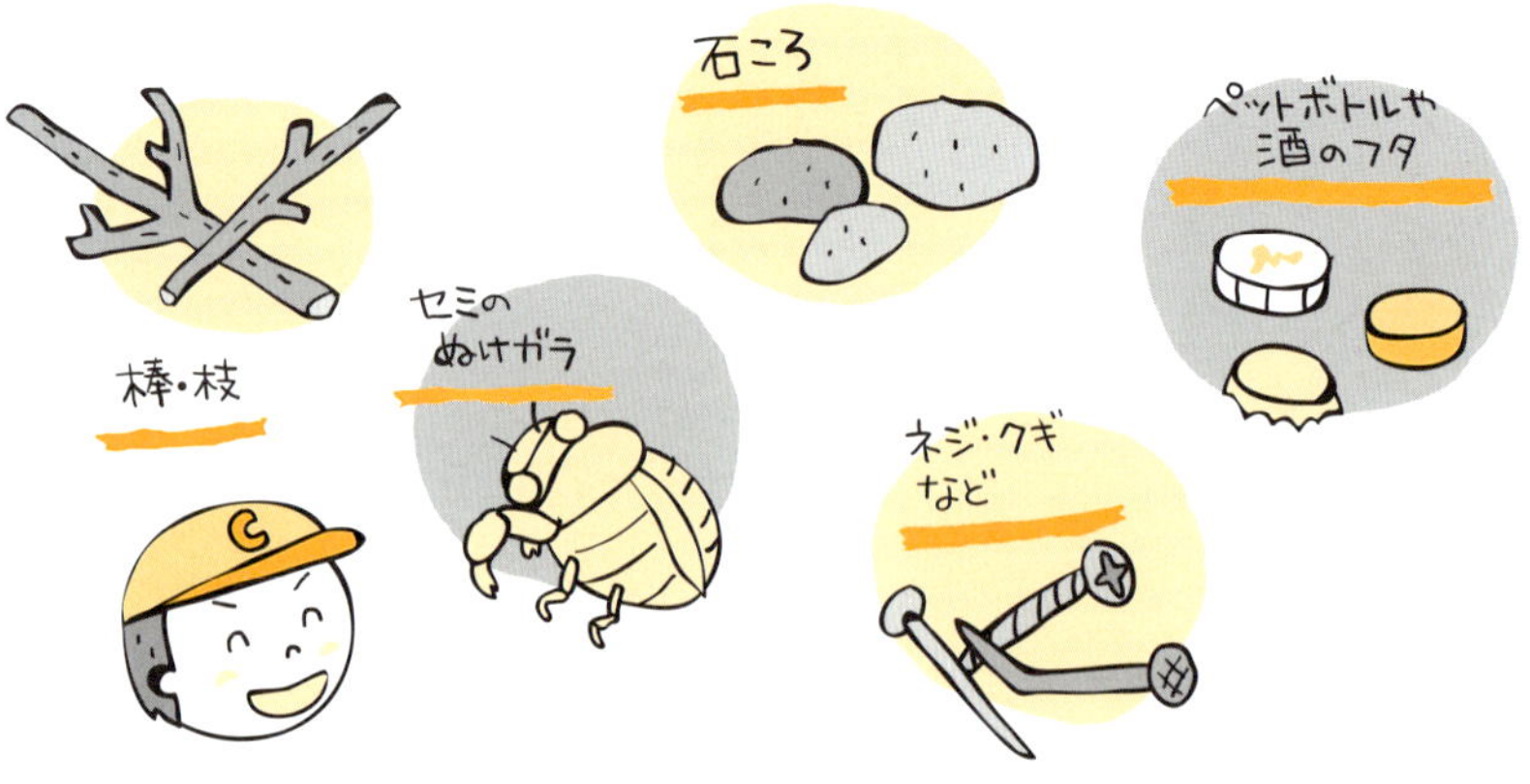

車を通したり」するマネをする。自分の思うように車も人も動くことが、おもしろくてしょうがないらしい。わたしに似て仕切り屋?（3歳）

●お世話係はだれ?

とにかく虫が大好きだ。「ボクがゼッタイ面倒を見る!」と、ありとあらゆるものにトライした。カブトムシ、クワガタ、親戚のおじさんがくれたスズムシも、お祭りでゲットした金魚もカメも飼った。でも結局、お世話係はママ。ぼくはたくさんお墓を作った。（4歳）

●父と子の虫ブーム

セミの抜け殻が最初の宝物だった。昆虫採集はわが家の夏の定番で、虫アミをもって炎天下によく外に出かけた。ここでパパも虫好きだったことが判明。カブトムシの幼虫の世話はパパと息子の大イベント。パパの指示で、息子は、土が乾かないように、暇があると熱心にシュッシュと霧吹きにはげんだ。そして、幼虫はおぼれ死んでしまった……。（5歳）

●好きなの?嫌いなの?

虫が大好きなのに残酷。小さいアリの行列を、友だちと踏みつぶし、水ぜめや砂ぜめにする。湿ったところやコンクリートと土の境目、石の下などにひそんでいるダンゴムシを掘り返し、牛乳パックに集める。「ママ〜、虫飼ってもいい〜?」と、うじゃうじゃダンゴムシを見た時は、ギャ〜!と叫んだワ。（3歳）

ママはどうする?

捨てたくても、捨てないガマンを。コレクションをじっと観察して、彼の心を奥を推理する。意外に奥深い。

●作品展でわかること

幼稚園には一日限定の作品飾りだながある。レゴビルダーになりたい男の子の作品や、井桁状のブロックでできたダイナミックな、なかなかの力作が並ぶ。とことん好きなことと、想像力にはビックリ!　脱帽だ。（4歳）

●興味はワールドワイドに

何でもとことんやらなきゃ気がすまない凝り性の息子。小4の時、Jリーグの選手だけじゃあき足らず、興味は世界にまで広がった。アルファベットもいつの間にか習得し、世界地図と国旗も妙に詳しくなった。グッズほしさにひとりで電車に乗って出かけたり……。すごい!（10歳）

●ガラクタじゃないもん

機械も部品も大好きで、説明書ナシでもOKの息子。道端に落ちているクギ、ネジにはじまり、壊れた時計の歯車から蛍光灯の配電盤、扇風機のハネまでとってある。わたしから見れば完全にガラクタなのに、それを見る彼の目はまるで宝物を見るように輝いている。（9歳）

意味不明な行動多発‼
しかし、彼には彼のこだわりがある。

「ただいま～！」というカズキの声に玄関に行くと、朝と感じが違う。わかった！ランドセルの上からコートを着ているのだ。朝、家を出る時は、ちゃんと「コート↓ランドセル」の順に着て出かけるのだが、帰ってくる時は、「ランドセル↓コート」になる。

ほかのママが見かねて注意しても「大丈夫！」と言うらしい。「このほうが、途中で暑くなった時に、すぐに上着が脱げる」というのが彼の理屈。なるほど、それなりに合理的。見た目が悪いからやめなさい、というこちらの理屈のほうが負けてしまう。

買ったばかりの色エンピツを全部半分に折ってきたこともある。「モノは大事にしなくちゃダメ！」と叱りつけようとしたら、「なくなるとたいへんだから、本数を倍に増やした」ときた。

反論できない。

「そうきたか、むしろあっぱれ」と感心した。

とはいえ、カズキの行動には理解できないことも多い。

幼稚園のころは、毎朝、同じ靴をはいているのに何回も「ママ、これで合っている？」と確認をした。「いいよ」と返事をすると「ママ、ちゃんと見ていないじゃない。ちゃんと見て！」と繰り返す。

何が不安だったのか。靴以外のことは不安ではなかったのか。あれはなぜなのか、いまだにわからない。

エレベーターのボタンを押すことを覚えた2歳ごろからは、自分以外の人間がボタンを押すのを許さなかった。バスで他の人が先にバス停のボタンを押した時には、泣き出したほどだ。「ボタンは自分が押すのだ」という強いこだわりは、4歳まで続いた。

大人のやることを真似したい、という子どもの願いはわかるが、あの行動には、それ以上の強いこだわりがあったように思う。

ボタンを押すのが好きだったから？

大人と同じことをすることが彼のプライドだったから？

いろいろ解釈はしてみても正解はわからない。

わかるのは、カズキにはカズキのこだわりがあるってことだ。

手をはなすと、走り出す。どこまでも真っすぐ走っていく。

ハヤトは脱走の常習犯。抱っこからおろしたとたんに走り出す。こちらの呼ぶ声を無視して、真っすぐに、走っていく。スーパーで油断をしたすきに、ひとりでエスカレーターを下り、食品売り場のレジを越え、外を走っていたこともある。普通は同じフロアにいるだろうが……。

やっとの思いで捕まえると、「助けて～！」と騒ぐ。

わたしは「ママのそばから離れちゃダメじゃない！」と周囲に聞こえるような大きな声で、「虐待なんかじゃありません」とアピールする。

そんな調子だから、商品をじっくり選ぶことができない。子どもと一緒の半日の買い物よりも、ひとりの20分の買い物のほうがよっぽど内容が濃いし、疲れない。

早く大きくなってくれないかなあ。

「でも、そうやって走り出すのは、ママの愛を確信しているからじゃないかしら。

不安ならママのそばを離れられないよ」

子育てネットのミーティングで、あるメンバーがそう指摘した。

すると、出席者は「おお、そうだ、そうだ」と軽くどよめいた。「うちの子も走り出す」と一緒に愚痴っていたママたちだ。

そうか、ハヤトはわたしに守られていると安心しているので、どこまでも冒険に出かけられるんだ……。もしかして、わたしって結構、いい子育てをしているのかな。

それがわかっていると、ハタと独りぼっちになっていることに気づいて泣き出すハヤトがかわいく思えるかな……。そんなわけないか。

彼を追いかけるのはダイエットに役立つ。確かなことはそれぐらいだ。

あっぱれ！ これも本能？

●かわいそうと言われても

あまりのチョロ松に疲れ果て、彼の肩にかける逃げられないベルトを使ってみた。「まぁ、ワンちゃんみたいでかわいそう」とオバ様方のささやきが聞こえた。わたしだって、本当はこんなの使いたくないの。でも、ケガをしたら誰か責任を取ってくれるの？　悔しくて涙がにじんだ。（2歳）

●肉食動物

男の子はお肉が好き。肉でなければおかずじゃない。お寿司はマグロに目がない。野菜が嫌い。特にサラダなどの生野菜。ウサギじゃないんだからとパパたちも言う。パサパサするから、豆、イモ、カボチャも嫌い。そしてなぜか氷が好き。これって全国共通らしい。（5歳）

●ネコがのりうつった？

野性的な次男は長男と違って食べさせてもらうのが大嫌い。スプーンを口元にもっていっても、口を開けない。そのかわり、シンク横に置いたイチゴは引きずりおろして手づかみでワシワシと食べ、塩焼きの鮎も骨がのどに刺さるかと思うぐらい頭からかぶりつく。ネコがのりうつったかと思った。（4歳）

●洋服にも変なこだわり

気にいったのしか着ない。オシャレというより、こだわり。汚れたり破けたりした靴でも、コレがイイ！　と、いつまでもはいている。帽子やシャツも「洗って乾いていないから明日ね」と言っても、譲らずぬれたまま着ていく。かと思うと、一年後には「こんなダッサイのヤダよ～」とあっさりと拒否する。「みんなに笑われる！」って言うけど、去年は「カッコイイじゃん」ってこればかり着てたじゃないの。わけがわからない。（8歳）

●棒その①

棒を持つと振り回す。傘も男の子にとっては棒の変種。ささない。（4歳）

●棒その②

息子の友だちに朝刊を渡し、好きなように遊びなさいと教えた。斜めに巻いて長くする子、枚数を分けて二刀流にする子、格好より頑丈なほうがいいと言う子……準備だけでもうれしそう。チャンバラごっこに飽きる様子もなく、冬なのに小雨の中、Tシャツで汗だくで遊んでいた。そして夜、届いたのは「今日は本当にありがとう。大喜

びで帰ってきました」というママたちのメールだった。（5歳）

●何ゆえに？
ミニカー、イス、木琴、おもちゃ箱など、家中の物を逆さまに置き直していた。トイレの芳香剤の位置が変わっていたこともある。さらに、1年間にわたって、お箸やお茶碗をチグハグに配っていた。わざとやって、家族の反応を楽しんでいたとしか思えない。（6歳）

●やってられるか！
幼稚園の先生から、お遊戯会の前に家庭でほめながら、練習をみてあげてほしいと言われた。どうしてもひとりだけ踊らないらしい。カッコ悪いと言う。当日行ってみたら、コシミノをつけて、ブルーのシャツ、頭に魚のお面をつけて登場。周囲のお友だちは海の中のダンスを踊っていたが、うちの子は苦笑いしながら、ひとり棒立ちだった。イヤと思ったらとことん、イヤなのね。（4歳）

●大好きファイアー！
男の子は「火」が好きらしい。棒も好きだから、狩猟時代の名残だろうか。公園に落ちていた100円ライターで、火遊びをして見つかって怒られるのは決まって男の子（絶対イケマセン！）。バーベキューで「おーい、もっと焼くものないかー。どんどん持ってこい！」というのはパパだ。（7歳）

●地図が読める男
方向感覚がいい。道も覚えるのが早い。車を運転しながら「えーと、この道だったっけ？」とつぶやくわたしに、後ろの座席から「ママ、次の角を右に曲がるんだよ。パパはそうしていた」と。なんて、すごいのかしら。（6歳）

●冷静な目で分析
自分のことはまるでわかっていないが、友だちについては冷静だ。○○君はボールが好き、△△君は絵がうまいなどと分析をする。友だちのピンチにも「自分でなんとかするよ」と知らん顔。おせっかいな女子にくらべて冷静だ。（9歳）

●1歳でも逆ギレ？
食べ物でイタズラしていたのを発見したので、「あっ！ダメよ」と怒ったら、逆切れして、卓上のものを払い落とした。それはわずか、1歳と3カ月のことだった。どうか、この子をおっとりと成長させてください。（1歳）

ママはどうする？
こだわりのある男の子は、「違いのわかる男」になる。楽しみに待とう！

きれいなお姉さんは好きですか？
「はい、もちろん！」

クレヨンしんちゃんみたいな子どもなんていない、と独身の頃は思っていた。でも、ココにいた。わが家のケースケだ。

1歳前半くらいの時には、すでにテレビでかわいらしい女性キャスターが画面いっぱいに映ると、ジーッと見つめていた。それからわたしのほうを振り返り、照れたようににっこり笑う。

道で若いお姉さんとすれ違うと目が追っている。女子高生くらいだと、ニコニコ顔だ。ちなみにおばさんに話しかけられると、まさかと思うが泣き出した。

もうすでに、若い女の人が好きなのだ。

3歳でピアノを習わせた時も、ケースケのお姉さん好きにはあきれた。ピアノの先生は若くてやさしくて、そしてきれいだった。連弾して上手に弾けると、その先生が肩をギュッと抱きしめてくれるものだから、レッスンに通うケースケはすごくゴキゲンだった。その当時の発表会の写真には、演奏を終えて誇らしいというより、なんかデヘヘと笑って写っている。

　でも、その先生が結婚してやめてしまい、おばあちゃん先生に交替すると、ケースケの気持ちも瞬く間にフェードアウト。ピアノへの興味は薄れ、いつのまにかやめてしまった。ん～、現金なヤツ。

　きれいなお姉さんが好きならば、それはそれでよしとしましょうとも……。

　でもね、女の価値はきれいなだけじゃないんだよね。そこのところをこれから少しずつ教えねばと思う一方で、きれいな先生を探し出して、もう一度ピアノを習わせれば、今度こそモノになるかもしれないなどと考えてしまうわたし。セコイかな。でもかわいい女の子にモテたい一心で、勉強やスポーツなどをがんばる男の子って嫌いじゃない。ケースケ、これから大いにがんばりたまえ。

男の子は、ママのハダカで異性を知る。

「どうして？　なんで？」という質問がとても多かった4歳の頃。お風呂で、「なんで、ママのパイパイは大きいの？」と聞かれて「ママは女だからよ。タツヤも赤ちゃんの時は、ママのオッパイから栄養を取っていたの」と説明した。自分とママ、それにパパの身体のそれぞれが違うことが不思議でならなかったのだろう。

それからは「ボクのチンチンはどうして小さいの？」「どうして毛がないの？」と毎日のように質問攻めだった。

最初はドギマギしたけれど、よく考えながらていねいに答えていった。

タツヤとパパは男性で、ママは女性であること。性が違うと体のつくりが違うこと。パパとママが愛し合ったからタツヤが生まれたことなど、お風呂でハダカで向かい合って、いろんな話をした。

その話を通して、いちばん伝えたかったのは、タツヤがママとパパにとってどんなにかけがえのない大切な存在かということ。それはきっとちゃんと伝わったと思う。

今にして思うと、とても大切な時間だった。

それにしても、彼の観察は結構するどくて、「ママ、脇の下に毛がある！」と指摘された時はのけぞった。その時、わたしは、冬なのをいいことにムダ毛のお手入れをサボっていたのだ。

「パパと同じだ」とびっくりしたのは、それまでは、自分と同じようにママの脇の下はツルツルだと思っていたからなのだろう。

つぶらな瞳で脇の下を見つめる息子……。参りました。翌日、わたしはちゃんとムダ毛のお手入れを再開した。

お〜〜
ママって巨乳だね〜
えっ!? いや〜
それほどでもないですよ〜
どっちかと言うと、小さ….
って私なにを
説明してる
んだろ…

オチンチンはママにもなぞ。パパ、よろしく。

じつはこの本を作りながら、ママ同士で経験談を交換して、オチンチンについての誤解を解き知識を深めよう、と当初は考えていた。

なぜって男の子をもったママはみんな「これ、どう取り扱ったらいいの?」と迷った経験があり、そして確信のないまま「まあ、こんな感じでいいのかな」と、日々を過ごしているからだ。

オムツがえの時に、ピューッとオシッコをかけられて、赤ちゃんなのにオチンチンが立っているのに気づいてドッキリしたこと。

1歳半健診の時に、お医者さんに、「自然に治るとは思いますが、かぶっているので、心配ならお風呂の時にむいて洗ってあげるといいですよ」と言われたものの、それを実行するのが怖かったこと。おそるおそる実行したが、いまだに「あれでよかったのか」と疑問に思っていること。

3歳の息子が「チンチンを触っていたら、大きくなったよ」とうれしそうに見せにきた時は、「ふ～ん、よかったね～」と平静を装ったが内心アセアセだったこと。そんな話がミーティングでは次々に登場した。

「ママに見せてはマズイことに気づくのはいつかな。大きくなってから、きっとシマッタと思うだろうね。アハハ」なんて言いつつ、独身時代には考えられない単語がとびかった。

そんな会話をかわしながら、わたしたちは「オチンチンについては、パパにお任せしましょう」という気持ちになってきた。

「な～んだ」と読者の方には叱られそうだが、異性であるママがでしゃばるより、「パパ、よろしく」と取り扱いの教育をお任せするほうが、男の子がもっている男の芽のようなものをすくすく伸ばせるような気がするからだ。

立ってオシッコする方法なんて、ママが説明するより、パパが見本を見せるほうが100倍早い。お風呂での洗い方指導も同じだ。

お風呂で、ママを通して女性について学ぶように、パパを通して男性について学ぶ、これがすごく自然なことに思える。

それに、「ママには秘密」ということを男同士が共有するのも、すごく必要だと思う。

親に対して秘密を持つことは子どもの自立の象徴のようなもの。男の子の秘密はオチンチン関連から始まるとしたら、秘密はそっとしてあげていい。

ルポ！男の子の真実

小さくても「男」なのね！

●オッパイ大好き

オッパイが大好き。どうしてさわりたがるんだろう。きれいなお姉さんも大好き。水着のグラビアを見ると、「パイパイだー、あっ、おしり〜！」など大喜び。本能なのか、ただのスケベか。（4歳）

●気配り上手？

「世界でいちばんオッパイが大きいのは？」と聞くと「ママ」とパブロフの犬のように答える息子。小2で「付き合いで言っていただけ」と白状した。（8歳）

●誰先生がかわいい？

幼稚園生の頃から、パパと「誰先生がかわいい？」「○○先生」、「クラスで誰がかわいい？」「○○ちゃん」などという会話をしている。今も長男、次男、ダンナでテレビを見ながら、「相武紗希がいい」「長澤まさみだ」「いや、松嶋菜々子がきれいだ」と、楽しそうに言っている。小2の次男は「そばにきれいなお姉さんがいたらいいよね〜」だって。ちょっと早過ぎ？（8歳）

●立ってオシッコ

「常に一歩前へ」「ねらいをさだめて」と標語を作って、まずは頭にインプット。実際にパパがお手本を見せると、アッという間に覚える。上手にできたらオーバーにほめる。この方法で、わが家では苦労せずにオシッコをマスターした。でも、あちこちにオシッコが飛び散り、トイレはいつも臭い気がする。（2歳）

●その手でさわらないで〜

パンツの中に手を突っ込んで、チンチンをボリボリしていたその手でさわる。すごくイヤ。（3歳）

●オテテはどこに？

よくチンチンをいじったり、おしりの穴に手を入れたりしているが、保育園でも、お昼寝の時間に寝られない時は無意識にず〜っとさわっているらしい。だまって見守るだけで本当にいいの？（5歳）

●どうしたらいいの

2歳の頃、小児科で「オチンチンの内側が赤くなっている時は、かゆい時なので軟膏をぬるように」と先生に言われた。子どもはまだ自分で「痛い、かゆい」が言えないので、本当に困った。

●使用後はふる?

オシッコの後に、トイレットペーパーで水気をとっていたら、ダンナに「チンチンはふらせろ」と言われた。（3歳）

●ヘンな伝統?

長男の幼稚園では、制服の半ズボンの脇からチンチンを出して立ってオシッコをする方法を推奨。トイレに急ぐ子どもたちが、脇からチンチンを出しながら走る姿はなんともほほえましい。（4歳）

●ママも変わる

独身時代ははずかしくて、絶対に口にすることもできなかった「オチンチン」「ホーケー」「ウンチ」などの単語を、人前でしゃべれるようになった自分に時々ビックリする（涙）。

●おしりから生まれるの?

動物の出産シーンをテレビで見て「おしりから生まれるの?」っておばあちゃんに聞いたら「そうだよ」って言われていた。そこで「おしりからじゃなくて、赤ちゃんのトンネルを通って生まれるんだよ」と教えた。「でも、いったいそれはどこだろう?」という顔をしていた。ますます、わけがわからないよね。

●女の子にはなぜか甘い

男の子の友だちに「カワイイ。犬みたい〜」なんてからかわれたら、烈火のごとく怒るくせに、女の子に同じことを言われても「相手にしてもしょうがないし〜」なんて言いながらまんざらでもなさそう。（7歳）

●不意打ちの一言

お風呂でゆったりした気分での親子の会話を大切にしたいわたし。「赤ちゃんはどこから生まれるの?」「ママのオチンチンはどこ?」などの質問が出ると、ちょっと焦りつつも、あわてず、わかりやすい言葉で、堂々と説明するように心がけている。しかし「ママ、ここに肉付いてるね〜!」という一言にふいを突かれて、いちばんドッキリ!（4歳）

●いつまで一緒?

小5の今も時々お風呂に一緒に入っている。息子に「ママと何歳まで入る?」と聞いたら「チンチンに毛が生えるまで」とあっけらかんと答えた。もうママと入浴するのをイヤがる子も多いのに「毛が生えたら見せてあげるね!」とニコニコと話す。幼いというか、かわいいというか……。いつまで一緒に入っていいのかわたしのほうが悩むワ〜。（11歳）

ママはどうする?

男だけの時間に嫉妬しない。
どんどん男だけにする。
するとパパも「父親」になっていく。

4

知っとくコラム

モテ男くんは免疫力が高い

「男女の産み分けが自由にできたら、男ばかりが増える」と心配する意見が聞かれたの10年ぐらい前のことだ。

少子化政策が進められている中国やベトナムでは120対100という比率で、「男の子」の出生が多くて、最近大問題になっている。男の6人に1人は結婚にあぶれる計算だ。

おもしろいことに日本のアンケートでは、「欲しいのは女の子」と答える若い女性が多いという。

実際の出生性比はほぼ105対100。世界の先進国と同じ程度で、安定している。男の死亡率が高いので、最終的には男女のバランスがとれるよう自然の摂理が働いた比率だと言われるが、医学が進歩した今では、20代、30代になっても男が多い。ようやく男女比が逆転するのは、60代になってから。つまりわが家の男の子たちは、アンバランスを乗り越えて、恋愛や結婚の相手を獲得する宿命だ。

免疫力が高い男はいい匂い

将来、モテるかどうかは本人次第だが、生物学的には「免疫力の高さ」がモテ要素として注目されている。免疫力が高いと、肌の菌の繁殖を抑える。そもそも嫌な体臭は雑菌の匂いだ。それが強いと、せっかく自分の出しているフェロモンまで打ち消してしまう。免疫力が高いと、ちゃんとフェロモンが女性を引きつけて、モテ男君になれるらしい。

免疫力の高さは生来の要因が大きい。長男のほうが、次男・三男より免疫力が高いともいわれる。でも、健康に育てることで、免疫力は高くなる。それには、しっかり育てること。早い遅いや性格のことより、「健康であること」が第一なのだ。

第5章

ママ大好き!
ママも君が大好き

パパはボクのモデル。憧れ視線で、すごく見ている。

わが家の子どもは男女2人。7歳の兄と2つ違いの妹だ。妹のほうは、幼い頃からわたしのことをよく観察している。だから、お手伝いを頼むとしっかりできる。わたしのまねをして、わたしとまったく同じ口調で「お世話さまです」なんて言う。

兄のほうは、自分の興味に忠実に、マイペースで生きているのだが、パパに対しては興味しんしん。パパが気になるのだ。

たとえば、食事は「パパが食べるならボクも食べる」。

ふだんは食べないのに、エビのてんぷらの尾っぽや、シシャモの頭まで、パパが一緒だと競うように食べる。好き嫌いの多かった小さい時は、よくこの手で苦手な野菜を食べさせた。彼にとって、パパはライバルだ。

一方、パパにとっては息子は「趣味」だ。

パパは、少年の頃の自分をよみがえらせ、子どもが何かに取り組む時は、まるで自分のことのように一緒にのめりこんでいる。ウルトラマン、ムシキング、キャンプ、犬……と親子で夢中になってきた。子どもがサッカーを始めたら、自分はコーチにまでなってしまった。

仕事をしているパパはかっこいいらしい（としか子どもにはわからない）が、一緒に遊んでくれるパパは、ちゃんとかっこいい。強くて、たくましくて、頼りになる。

そんなふうに見られているのを知っているから、パパはさらに張り切る。

子育ては、わたしを成長させてくれたと思うが、パパを見ていると、息子のライバルとして堂々としていよう、ちゃんとしたモデルでいようという責任感が感じられる。

わたしと同じように、子育てを通じてパパも成長している。

兄弟は他人のはじまり。ケンカの作法はここでマスターする。

仲良く遊んでいるな、と思っていたそのわずか5分後、兄弟ゲンカが始まる。兄弟とは思えないぐらい、じゃなくて、兄弟だからこそ、顔を真っ赤にして驚くほど激しいケンカをする。原因はだいたい超くだらないことだ。

「お兄ちゃんがバカって言った」（確かにねえ……）

「お前が先にダッセーって言ったじゃん」（いつも言われているくせに）

兄弟はこんなにケンカをするものなのか。不安になったが、「そんなものよ」と先輩ママにあっさり言われ、そのアドバイスにしたがって、ケンカを止めに入ることはやめた。両方の言い分を聞き、ジャッジするのは、激しいケンカが収まってからと決めている。それまでは、耳をふさいでいる。しかも、落ちついてから聞いてみると、結局どっちもどっちなことが多いのだ。

ただし、「死ね」といった暴言や暴力をふるった時は、断固として介入する。そ

してしっかり叱る。どちらが原因をつくったにせよ、厳しく叱る。

もともと、2歳違いで生まれた弟に手がかかるために、兄は何かとがまんすることが多く、そのストレスもあると思う。一方、弟にしてみると、何をしてもかなわない兄は、尊敬の対象であると同時にライバルでもある。

ケンカは起こって当然なのかもしれない。

でも、ケンカ→仲直り→ケンカ→仲直りの繰り返しから、ケンカのルールも、自分の思いを表現する方法も、ストレスの発散も人間関係のルールも学んでいく。

さて、わが家にはこの下にもう一人、2つ違いで妹がいる。2人の兄にみっちり鍛えられながら成長した末の妹は、強い。そして賢い。兄弟ゲンカなど「またやってるの〜」という感じで知らんぷり。最近は姫として、騎士である兄たちをしたがえている感さえある。

3人の子どもたちの最高権力者は、3番目の妹だろう。

兄弟3人が作っているのは子どもだけの小さな社会だ。同じように、どの家庭にもそれぞれにユニークな社会が作られているのだと思う。うちは強い姫と騎士の社会だが、お隣は、アイドル（弟）とマネージャー（姉）の社会みたい。

とはいえ、わが家の息子たちがこのまま成長するとは限らない。

ひとりが一躍ヒーローになって、関係を変えてしまうことだってある。それも少し楽しみだ。

家族っていいじゃん！

●いつでも本気

用事に追われてるママと違って、パパは本気になって、とことん付き合って遊ぶ。それも、子どもに合わせているのか、自分が自ら楽しんでいるのか、わからなくらい。公園で一緒に遊びながら、自転車の練習、逆上がり、ボールのけり方とか、1つずつ見てあげていた。運動神経は、スポーツ好きのパパがの血が半分入っていて本当に良かった。(6歳)

●何でも直せる

パパはこわれたものは何でも直せると思っている。わたしもこれ幸いと、修理関係はすべてパパにお任せだ。(5歳)

●何度も繰り返す

パパが言った言葉を何度も繰り返して言っている。それにパパが「子どもは～してはいけない」と言ったことはほとんど守る。子どもには、とても怖い存在。しかし、パパは、子どもの本音や気持ちはそっと全部受け止めているところがすごい。(7歳)

●パパなら安心

パパ抜きのお出かけだと、ちゃんと目的地まで行けるのかとすごく不安がる。わたしの方が電車の路線とかよく知っているのに失礼しちゃう。(4歳)

●草野球のピッチャー

スポーツはまだパパにかなわない。何かにつけ「オレに勝ったらいいよ」を連発するパパに「そんなの無理だよ」と言っている。でも、草野球チームでパパがピッチャーなのが自慢みたい。(8歳)

●視点が違う

パパは、わたしにくらべて、視点がグローバル。目先のことにとらわれない。やきもきしているわたしへのフォローも絶妙。「イライラしてもダメだよ。今はそういう時期なんだよ」と、元少年のパパが教えてくれる。トイレトレーニングがうまくいかない時も、「小学校にオムツをしてくるヤツはいないよ」とか、子どもに振り回されてそうじができなくても、「ホコリで死んだヤツはいない」と。ホッとさせてくれるパパに感謝。(5歳)

●兄のいる妹は元気百倍

兄がいる女の子はお手手つないでトイレに行くのが苦手。仲良くなるのは、同じ男の子兄弟のいる子だったり、男の子。お兄ちゃんが複数いる妹はとてもやんちゃ。もまれている上に、女の子の特権もあってすっごーく強い。(5歳)

●ママが変わったら?

長男は怒る必要もないくらいいい子なのに、ママが初めての子育てで不安だったので怒ってばかりいた。でも弟と妹は、悩むヒマもないし、許容範囲もぐっと拡大して、怒ることも少ない。ママの育児が変われば子どもも変わるよね。(6歳)

●命の大切さ

パパは、春になると公園の池におたまじゃくしの卵を採りに行き、庭の池で育てて、カエルになると元の池に戻しに行く。飼っていたカブトムシの仲間が飛んできてどんどん増えた時は、下駄箱サイズのカブトムシハウスを作った。自分が好きでやっている。でも子どもにもすごくいい影響を与えてると思う。（4歳）

●順番による？

兄弟は、下の子のほうが観察能力が発達し、その場の雰囲気を感じとれる。いつも「これはね……」と、ていねいに説明されて育てられてきた長男は、空気を読むのが苦手。一方、第2子、第3子は要領がよくてたくましい。挫折に弱い長男

を見ていると、兄弟の出生順位が与える影響って大きいなと思う。（7歳）

●パパに感謝

学校の発表で、息子が「はじめは漢字が嫌いだったけど、お父さんにコツを教えてもらい、好きになりました。お父さんに感謝しています」と言った。他の子どもからはお父さんという言葉が出てこなかったのに……。パパに聞かせてあげたかった！（涙）（7歳）

●自分から「ごめんね」

パパが大好きで、パパの話はきちんと聞くし、どんなに叱られても後で必ず自分から「ごめんね」と謝る。フツーの会社員だけど、将来はパパのような仕事がしたいと言っている。（8歳）

●年子の子育て

いつも、年子の妹が張り合うので、面倒なことはしたくないと、身を引いているお兄ちゃん。彼なりに頑張っていることを、絶対評価でしっかり見ていてあげたい。（5歳）

ママはどうする？

ちゃんと言おう。パパありがとう！
お兄ちゃんすごい！
お姉ちゃんえらい！

厳しく叱ってもママにすりすり。そこがたまんない！

大きな声では言えないが、わたしは娘より息子のほうが、ちょっぴりだけかわいい。もちろん7歳のミユも2つ下のカズマも、どっちもすごく大切だし、どっちも愛している。

でもカズマが「ママ〜」と寄ってくるとそれだけでわたしはメロメロ。

ごめんね、ミユ。愛が平等じゃなくて……。

姉のミユは聞き分けがいいけれど、叱る時はちょっと神経を使う。言葉の使い方ひとつで傷ついたり、かたくなになることが多いからだ。一方、カズマは、どんなにわたしが怒っても、少し時間が過ぎると、ママにすりすりと甘えてくる。それがまたかわいくて仕方がない。心が離れていかないという気がするのだ。それはちょっぴり甘美で不思議な自信だ。

先輩ママに、小2の女の子との対立で、ほとほと疲れたという人がいる。友だち関係に悩んでいる娘に「ママはどう思う？」と相談をされ、励ますつもりでアドバイスしたら、話が複雑にこじれ、母娘が対立してしまったのだ。

「ママはいい加減だ」、「さっき、言ったことと違う」と、しつこく反論され、最後は自分のほうも余裕がなくなったという。

「子ども相手に何をしているんだか」とため息まじりだったが、彼女は「女の子はママのことをよく見ているから、批判も的を得ている。そこがまた、こちらの気持ちを逆なでする」とも言っていた。

自分の批判をする子の前でも「親」であり続けるのは、むずかしい。だって、わたしたち自身、欠点だらけ、矛盾だらけだ。そこを隠して、親をやっているようなところがある。

カズマはわたしたち（ママとパパ）はどんな時も正しい、と信じてくれているみたい。でも姉のミユがカズマの年齢の時には、「なんだか違うぞ」と薄々気がついていた。

わたしがミユを叱る時に少し緊張するのもそのせいかもしれない。

「男の子は何があっても離れていかない」なんて、言っているけれど、やがてはカズマだってそうはいかなくなる。

それはさみしいことだけど、それが成長だと思うと仕方がない。その時に、堂々と「ママは欠点がたくさんあるのよ。でも君のためにできることはしたよ」と言える、そんな子育てをしていきたい。

男の子と女の子。どっちもたいへん！どっちも楽しい！

●泣かしてどうする?

「娘を叱ると妙に反抗的で、イライラして、泣き出すまで気が収まらない」という過激な発言をしているママがいる。明るく率直な人柄だし、娘も活発で人気のある女の子。そうなんだ！（4歳）

●ボーイスカウト

イメージとは逆でガールスカウトのほうが、サバイバル系でパワフル。ボーイのお父さんは甘いけど、お母さんが指導するガールのほうがはるかにキビシイ。男の子はマッチがすれたら得意だけど、女の子はそんなことはオチャノコサイサイだ。この男女差は大人と同じだったりして!?（6歳）

●ウチのママはどこ?

遠足だ、落ち葉で焼き芋だと何かとPTA参加の機会が多い。小2になると、女の子たちは、親に見られたくないのか、「ママは来ないで」と言い始めた。でも男の子たちは相変わらずママが来るとうれしそう！「今日はウチのママは一緒じゃないの?」と聞いてくる。（8歳）

●軍配は?

男の子も女の子もどっちもかわいい。でも何を考えているのかが、表情を見ただけで読み取れてしまう男の子のほうが、アホさで勝つかも！（5歳）

●女の戦い

怒ると、女の子は素直に認めず理由をいろいろつけて反論してきて、「女性VS女性」になってしまう。その点、男の子は、口下手で言い返せず、怒った顔も泣いた顔も、単純でかわいい。（4歳）

●ネコとイヌ

息子はイヌ的。やさしくしてもらったことやよくしてもらったことを覚えていて裏切らない。たまに、親が疲れて不機嫌でも、気を使って手伝ってくれたりとやさしい。一方、娘はネコ的。その時の条件によって、気分も態度もコロコロ変わったりしそう？　かく言うわたしも、ネコだけど。（7歳）

●役割分担?

わが家は男女女の3人兄弟。2歳の末っ子の面倒を長男、長女に見させると、自然に母親と父親の役割になっている。長男は遊ばせるというより自分も一緒になって遊んでいる。長女は遊び相手というよりも食事やお風呂、着替えとお世話をしている。妹が悪いことをしたらわたしとそっくりな口調で同じように叱る。不思議？（7歳）

●どちらも……

女の子は服もかわいいし、大きくなってくると、友だちのように一緒に買い物したり、ミュージカルを観にいったり、この先の人生を楽しめる。一方、男の子はいじらしい。一日中しゃべり続ける娘と違い、無口で何を考えているのかわからず、こちらの予想を裏切る息子は、新鮮な驚きと感動をもたらしてくれる。どっちも、かけがえのない存在。（7歳）

●計画性の差

宿題をすぐやるのは娘、息子は夜遅く、または翌朝やったりする。息子は無計画、娘は策略家!? パパに対する接し方もまったく違う。（7歳）

●無口の理由

甘ったれのくせに、息子は母親（女性）に距離をおいて客観的に見ている。たとえば、「ママはこういう人だから、言ってもムダ」と思っていたり、「この人と自分とは違う」と思っていたりする。「この子はわたしが頼りだ」と信じていたら、子どものほうに大目に見られていたみたい。それに比べて女の子はすぐに言葉にして話したり、正直に批判してくれるので、ショックが少ない。（8歳）

●やりたければ、やる

男の子は、自分のやりたいことには熱中するが、家事にはあまり興味はない。お料理は自分が食べたいが、誰も作ってくれないから作ってみようという流れ。女の子は、ママがやっていることに興味がある。見ながら学習しているので、結構上手にこなしてくれる。（9歳）

●典型？

女の子は静かにオモチャのところで遊ぶ。けれど男の子は家の台所の引き出しをすべて開ける。野球の試合の応援に行っても、女の子は葉っぱを拾ったりしておとなしく遊んでいるのに、男の子は「もう帰ろうよ～」を連発。女の子は他の人の言うことも聞けるけれど、男の子はほとんど聞いていない。（5歳）

ママはどうする？

娘のふり見て、わがふり直し、
息子のふり見て、パパを励ます。

マザコンは母子じゃなくて夫婦の問題。パパと仲良しなら、心配なし。

「男の子の育て方でわたしが悩んでいるのは、どこまでマザコンを許していいのかで〜す」と発言したメンバーがいた。

わたしにはピンとこなかった。なぜって、「マザコンでもいいじゃない」と思えてしまうから。目下、大人気のハンカチ王子だって、マザコンだと思う。斉藤佑樹投手がハンカチ（本当はハンドタオル）で汗をふくのは、ママに大切に育てられ、その思いに応えて成長した証だもの。

それにわたしがこれまで出会ったマザコンらしき男性は、みないい人だった。母親の愛情をいっぱい受けて育った人は、人を思いやる気持ちも持てる。実際にわが家のパパもマザコン気味。そしてわたしたち家族も自分の親も大切にできる人だ。

「そんなこと言っても危ないマザコンも、困ったマザコン男もいるでしょ」

う〜ん、確かに。成長しても母親の指示を仰ぐとか、母親が大好き過ぎて他の女の子に興味がないとか……。いるいるそんなマザコン。

そんなマザコンと、ふつうのマザコンの育て方の差はどこにあるんだろう?

わたしたちが思うにその差は3つあると思う。

1つめは、パパとの関係が不安定なこと。ママとパパがラブ! なら、どんなにかわいがって育てても、息子は危ないマザコンにはならない。「息子よりパパが好き!」なら大丈夫。

2つめは、息子の望みに応えるのではなくて、本人が望んでもいないことをやり過ぎて、本人が「ボクはこれがしたいんだ」と思う気持ちを損なってしまうこと。ママのための子育てになっちゃっているのは、ママがキチキチだから。もう少しいい加減になればいいのにね。

3つめは、こんな子に育てたいという願いが強すぎること。子どもの多くは、いろんな場面で、その願いをちゃんと裏切ってくれて、「子どもは別の人格だ」と親は思い知らされるが、中にはずっと希望通りに育ってしまう子がいる。

これがまずい。

ママの心の奥底には「いついつまでも幼い子どもの頃のようにかわいい子のままでいて」との希望もある。その希望にちゃんと応えてくれる子がいたら、困ったマザコンになる。

ただしこの場合、困るのはママではなくて、未来のお嫁さんだけど……。

育児力アップの技 ❹

チャート式

あなたはだいじょうぶ？ マザコンチェック

目に入れても痛くないほどかわいい息子。でも、あなたの愛の方向はだいじょうぶ？ 今なら修正可能。チェックしてみよう。

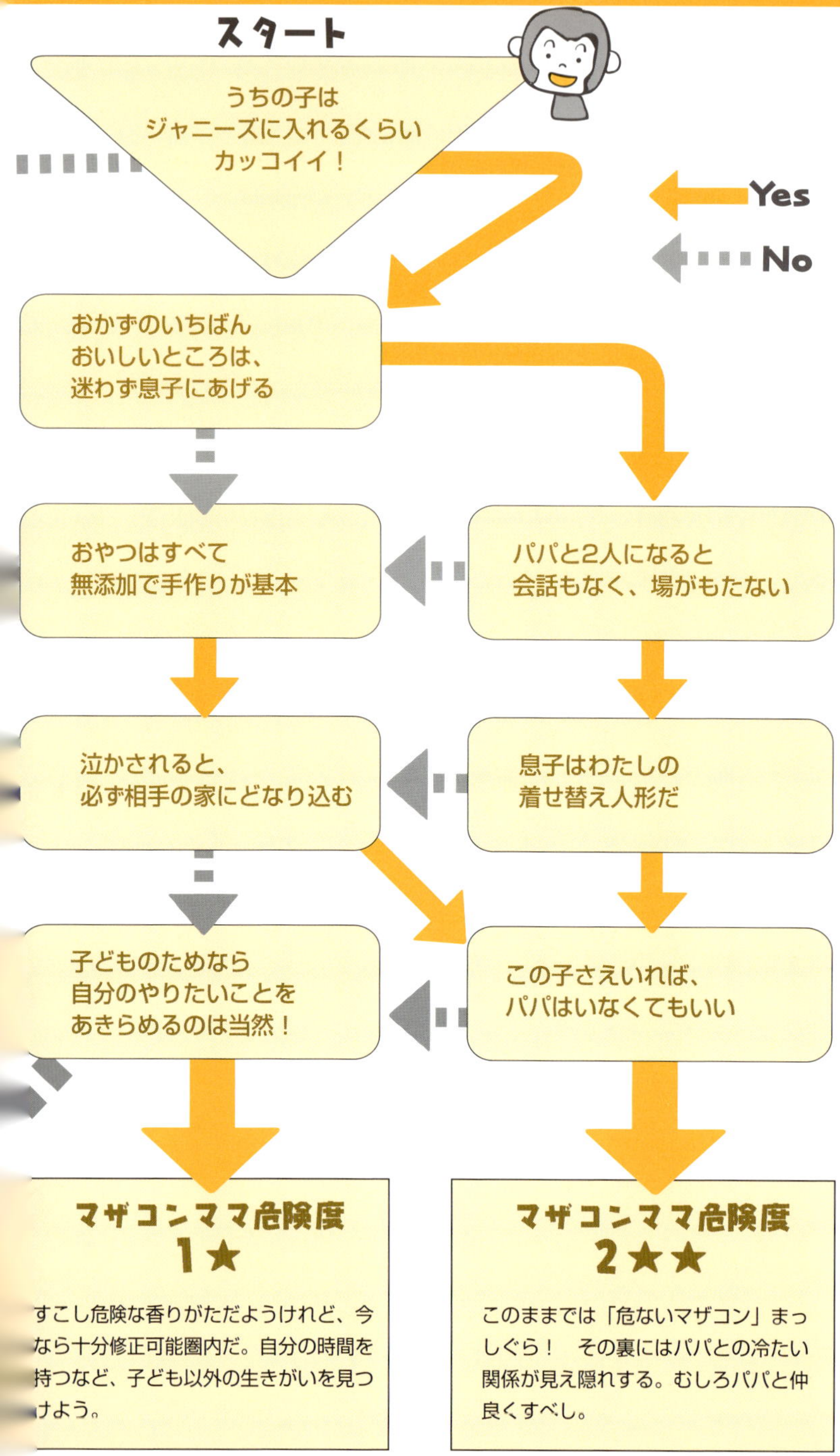

スタート
Yes
No
うちの子は ジャニーズに入れるくらい カッコイイ！
おかずのいちばん おいしいところは、 迷わず息子にあげる
おやつはすべて 無添加で手作りが基本
パパと2人になると 会話もなく、場がもたない
泣かされると、 必ず相手の家にどなり込む
息子はわたしの 着せ替え人形だ
子どものためなら 自分のやりたいことを あきらめるのは当然！
この子さえいれば、 パパはいなくてもいい

マザコンママ危険度 1★

すこし危険な香りがただようけれど、今なら十分修正可能圏内だ。自分の時間を持つなど、子ども以外の生きがいを見つけよう。

マザコンママ危険度 2★★

このままでは「危ないマザコン」まっしぐら！ その裏にはパパとの冷たい関係が見え隠れする。むしろパパと仲良くすべし。

おかずが熱いと、
いつでもフウフウしてあげる

熱がある時は
どんなに自分の用事があっても
園を休ませる

子どもの録画ビデオを見ると
涙してしまう

スナック菓子は
買わない

もっともっと、
パパとデートしたい

子どもに呼ばれても
返事はいつも
「あとでね！」だ

うちの子は
プチタオルで汗をふく

サッパリママ危険度
（ある意味）1★

サッパリしすぎて、ひとつ間違うと放任予備軍？　もっと手をかけて育てよう。ママの愛に飢えているかも･･･。

マザコンママ危険度
0（理想的！）

あなたは理想的に近いかも。子どもは周囲にやさしくできる「よいマザコン」のさわやか好青年になってくれそう。パパとのチームワークもバッチリ。

マザコンのママってわたしのこと？

●未来の嫁に、もう嫉妬？

幼稚園ママとの何気ない会話。「○○ちゃんはずーっとママのそばにいるんだよね！」とか「嫁には渡さない！」、「嫁姑戦争するわ～」と言っているママが意外に多くてビックリ。冗談ぽく言っているけれど、本音だと思う。（5歳）

●ママのせい

いつでもなんでも「ママのせい」にする。幼稚園の友だちと遊んでいて、勝手に転んだのに、「ママが～！」と泣いたのにはあきれた。一人っ子なので、いつもママと一緒。でも甘やかしすぎちゃったみたい。（4歳）

●カレシ

ママがボクにベッタリだから、ボクもママにベッタリ。息子と一緒だと心ときめく。習い事の送り迎えも、恋人とのドライブ気分。わたしは「超若いカレシ」と友人に言っている。（8歳）

●あなたこそ

三男がわたしに甘えるのを見て、「マザコン」と言う長男。あんたのほうが危ないゾ～。母親のお尻がたれてると言ってたたいたり、足の長さをくらべてみたり。平気で同じスプーンで食べてくれちゃうし……。（10歳）

●似ている……

夫は親を批判しているくせに、やり方が義母にソックリ。自分では気づいていないけど。なんだ～、この人マザコンじゃん！

●ママがゼッタイ

だんだん昼間はママから離れていくけれど、寝る時はまだまだ、やっぱりママがいなくちゃダメ。ママが飲み会の時は眠くてもがんばって起きて待っている。もちろん、夫婦ゲンカの時も必ずママの味方よ！（5歳）

●マザコンの進化系

夫はマザコン。母親の期待に応えようとがんばって、医者になった。結婚してからは、大好きな妻（つまりわたし）と子どもの期待に応えようとがんばっている。母と妻は強いところが似ている。

●予備軍

長男の友だちの話。朝はかわいそうだからとギリギリまで寝かせ、トイレに入っている間に靴下をはかせる。登校班の副班長なのにママが車で学校の門まで送っていく。帰りもママが迎えに行き、車の中でおにぎりやお菓子を食べ中学受験塾へ……。見事合格したのに、その中学ではあき足らず、他の高校受験をさせようとしている。「ママがいいならいいよ」という息子もどうかと思う。夏休みはママとふたりで海外旅行。自由研究は留守中パパがやっておいてくれる。大人になるとどうなるの？（13歳）

●美しいは罪

美しくて性格もよく、地域のボランティアなどにも積極的な友人がいる。その息子はそんなママが自慢。ママにほめられたくて、なんでも一生懸命にやっていた。スポーツもお勉強も、友だち関係も言うことなし……。でも高校生になったら疲れ果てて、引きこもりになっちゃった。子育てってむずかしい。（15歳）

●いつまで一緒？

中学生の息子とまだ一緒にお風呂に入っているママがいて、ちょっとひいた。「だって、本人ははずかしがらないし、そうしたいらしいから」と言っているが、ふつう、母親のほうがはずかしいだろうに……。（13歳）

ママはどうする？

ママはもっとパパに甘えて、夫婦の時間を大切にする。すると息子が、よいマザコンに育つ。

●男たるもの

男の子は何か守るべきものがあってはじめて男として生きていける、らしい。「ママのかわいいハニー」とか「わたしのダメなお坊ちゃま」とか言われていたら、いくつになっても男になれないぞ。わが家では「女や子どもを守れる強い男になれ」と教えている。（9歳）

●大丈夫？

ママのオッパイをさわってウットリする息子。先日は友だちの太った男の子の胸にさわって、「かーちゃんよりデカかった」と報告していた。ちょっと心配。（じゃなくて、すごく心配。ママが止めさせなくてどうするんだ!!）（10歳）

●パパのメル友

パパのメールをのぞき見したら、「のりこ」との送受信記録がずらりとある。頭がカーッとしたが、「待てよ、これはお義母さんだ」と気がついた。今度は気分が悪くなったとある友人は言っていた。でも、わたしも、子どもがメールを使えるようになったら、絶対に、毎日送ると思う。「今、どこ？」なんてね。（5歳）

小さくたって一人前。プライドに生きる男の道。

「女の子のくせに」と言われるのがすごく嫌だった。

だから「男のくせに」とか「男の子なんだからがんばりなさい」とは言わないように気をつけている。

だが、息子自身は、「男の子だから……」と言われることがむしろ好きなのかもしれないと思うことが時々ある。

「お母さんは女の子だから、ボクが助けてあげる」と、スーパーの重い買い物袋を持ってくれようとしたのは、6歳の時だ。パパの真似をしようとしたのだろう。あんなにうれしいことはなかった。

袋を持つには幼なすぎ、小さすぎの彼だが、大切な人を守ってあげようという騎士のような気持ち、プライドは一人前だった。すごいなあ、と感激した。

さて、男の子の友だちとばかり遊ぶ年齢になると、こんどは「〝ママを守ってあ

げるボク〟は友だちには知られたくない」というプライドのほうが大きくなる。

なぜならそれはとっても「ダセー」ことだからだ。

男の子の「ダセー」はファッションとはあまり関係がない。いちばん使われるのは「そんなこともできないの。ダセー」という場面。

「〜できない」という自分としては痛いところを直球で攻められる。ママにべったりしているのも「ダセー」だし、ママに叱られている場面を見られたら、それこそ「超ダセー」と言われる。それはプライドが許さないから、できないことを克服するパワーの源になる。

そう考えると、妙なプライドもまた男の道なのかもしれない。

たくましくってカッコいい！ヒューヒュー

●白雪姫を怖がる

家族みんなでTDLに行った時のこと。意外なことに「白雪姫と7人のこびと」が怖くて、次男は、途中から体が硬直してしまった。ようやくアトラクションが終わっても、乗り物から降りられないほどだったが、「ボク、怖くないよ」と言っていた。それから、予定を変更して、「イッツ・ア・スモールワールド」の行列に並んだ。口直しだ。（5歳）

●ママ、元気だして

祖父が亡くなったという電話があり、わたしがシクシク泣いていると、まだ2歳でわけのわからないことばかりしている息子がそばに来て、背中をなでてなぐさめてくれた。今でも、ちょっと考えごとをしていると、「どうしたの？　暗い顔して？」などと聞いてくる。子どもの前では、いつも元気でいなくっちゃ！　と思う。（2歳）

●ウンチはしない

うちの子は幼稚園のトイレではウンチをしない。「なぜイヤなの？」と聞いたら、「女の子のトイレだから」。トイレトレーニングに成功したのは、ついこの間だったのに、成長しました!?（4歳）

●男気

次男が赤ちゃんの時に、ひどい医者に叱られて家で泣いていた。「ママを泣かせるヤツはボクがブッ飛ばしてやる！」と、まだ4歳にもならないお兄ちゃんが、何度も何度もそう言ってなぐさめてくれた。この言葉で、「泣いてばかりいられない！」と勇気をもらった。（3歳）

●父の代理です

幼稚園の運動会があった。自営業で子どもの運動会に親が出られないお家があり、小3のお兄ちゃんがパパの代理で、二人

三脚に参加。がんばる彼を見て、みんなが感心した。（8歳）

●ウルトラマン

「ママ、ウルトラマンのおにぎりにして！」とかわいい声でおねだりされた。幼稚園の友だちにキャラ弁の得意なママがいるからだ。そんな面倒な、とは思ったが、ネットで調べ、一生懸命に何とか形にして幼稚園に持たせた。さぞや喜んでいるだろうと、園バスのお迎えに行き、「明日のお弁当もウルトラマンがいい？」と聞くと「いらない」と気のない返事。「だってママのおにぎりはウルトラマンじゃないもの」ってヒドイ。友だちに見られてはずかしかったの？（4歳）

●男の世界

小さいながらも男同士の世界があるらしい。友だちが怒られそうな時はかばう。自分がバカにされそうな時はかわす術も身につけている。とにかく仲間が大好きで、家族にも口を出されたくない世界があるらしい。そこに土足で入って行くのは、母親でも厳禁だ。（7歳）

●ボクは司令塔

わたしが熱を出して寝ていたら「ママ、お熱あるの？」と聞き、「ママにおかゆつくってね！」とパパに指示しておかゆを作らせ、「おいしい？　早くよくなってね」とそばにいてくれた。あれからわたしの具合が悪いと、パパにあれこれ指図して仕切っている。（4歳）

●見栄っぱり

友だちに「ダサイ」と言われるのがイヤ。本当はポケモンが好きなのにダサイと言われて持たなくなった。最近は自分の好みでモノを選ばず、いちいち「これってダサイ？」と聞く。見栄っぱり。（5歳）

●禁句

甘えたい時、寂しい時、悲しい時はある。そんな時は自分でも「男の子だから」とがんばっている。だから「男のくせに泣き虫だね」という言葉は禁句。（6歳）

●挨拶はハズカシイ

自分の幼い頃を知っている近所の人に挨拶したくないお年頃。姿が見えると、わざわざ遠回りして帰ってくる。（9歳）

●見られるのはイヤ

一緒に自転車で出かけたのに、駐輪場でふと見たら、わざととても離れた場所に停めている。せっかくわたしが、わざわざ2台並べて停められるところを探して駐輪したのに～。（8歳）

ママはどうする？

男の世界は土足厳禁。「男のくせに……」と言ったとたんにはじかれる。

お話は苦手なのに、幸せはいっぱいプレゼントしてくれる。胸キュンワードと一緒にね。

保育園時代からピンク色を選ぶことが多かった。リボン、折り紙、指編みにする毛糸など、みんなピンクだった。

いよいよ小学校入学を前に、「ランドセルの色は?」と聞くと「ピンクぅ〜!」とすぐに答えが返ってきた。「どうしてピンクがいいの?」と聞いてみると、「だってママの好きな色だから!」。

今までも全部そうだったんだ……とこの時に初めて気づいた。わたしの好きな色だからピンクを選んでいたなんて。

わが家は夫婦ともに仕事に出ているので、子どもは学童から帰ると自分で鍵を開ける。先日、仕事場で熱が出て早退して、一人で寝ていたら、ヒナタが帰ってきた。

わたしが家にいることを知らないヒナタは、鍵を開けると「ただいまー!　おかえりー!」と大きな声で叫んでいた。

いつもひとりで両方言っていたんだ、と、この時初めて知った。切なくて涙が止まらなくなってしまった。

わたしが寝ていることに気づいたヒナタは、あっけんからんとすっかりクレヨンしんちゃん風に「オ、かあちゃんか。どした？　オラ、いつもちゃんと挨拶している」とおどけている。

ああ、なんて素敵な子だろう。

子育てをしているとイライラしたり、泣いたり、落ちこんだり、辛いことがたくさんある。でも、子どもたちは、わたしにたくさんの幸せをくれる。わたしが彼らに与えている幸せより、彼らがくれる幸せの方がちょっと大きい。

ありがとう！

わたしの子に生まれてくれて、ありがとう！

ボクからママへ。幸せのプレゼント

●ぼくはママの味方だよ

パパと口ゲンカして泣いていた。すると「ぼくがいるからね」と言いながら、ちっちゃな手で、わたしの肩をギュッっと抱いてくれた。ママの味方でいてくれて「ありがとう！」と感謝した。（3歳）

●ママはモデル並み?

昔、わたしは髪がとても長かった。パパの読みかけのグラビア雑誌の「長い髪のモデル」の写真を指さして、「ママ、ママ！」と連呼した。ナイスバディな美しいモデルとは似ても似つかないわたしだったが、幸せだった。あれは子どもがまだ2歳の頃のこと。もう言ってくれないだろうな。（7歳）

●手作りはママの味

友だちがたくさん家に遊びに来た。ふだんはスーパーで買った袋菓子を出すのに、その日はめずらしくカップケーキを焼いた。息子はそれを「これママが作ったんだ～」と得意満面で、友だちにすすめていた。ふだんの手抜きを反省したことはもちろんだが、すっご～くうれしかった。（5歳）

●その笑顔がママのエネルギー

毎日の食事作りはかなりつらい。でも、「おいしい！　今日はボクが好きなものばっかりにしてくれたの」と素直に喜んでくれる。その言葉をエネルギーにして毎日がんばろう。（7歳）

●同居していいの?

息子が小1の時だった。「将来何になりたい？」と聞くと、答えは大工さん。どうして？とたずねると「ボクが大工さんになりたいのは、ママと住む家を造るためだよ」という答えが返ってきた。そんなこと言われちゃったら、もう同居するっきゃない！

●歯が浮く毎日

「ママは肌がツルツルでかわいい！　世界一！」だって。ウフッ。それに、モヤシ炒めとかグリーンサラダなど、焼いただけ、切っただけの簡単料理を「おいしい～！　ママの料理はサイコー」と、歯が浮くようなほめ言葉を連発してくれる。お世辞でもうれしい。（5歳）

●たまにはスカート

ふだんはパンツスタイルばかり。めずらしくスカートをはいた日に、「かあちゃんきれい！」だって……ウフッ。（4歳）

●ほっぺチュッ!

寝る前に「ほっぺにチュッしよう！」と言って、チュッしてくれる。「これはママにしかしないんだよ～」（3歳）

●会いたかったよ～!

幼稚園のバスから降りてくるやいなや、わたしに飛びついて抱きついてきて、「ママ、会いたかったよ～」。毎日会って

いるのにね！（4歳）

●ママはアイドル

一緒に寝る時に、3人の男の子たちはわたしの取り合いになる。そんな様子を見ていると、「彼らにとってわたしは大切なんだ」と思えて、毎日がんばれる。家族中で女性はわたしひとり！　ずっとアイドルでいたい。（6・4・3歳）

●花束のプレゼント

下の子の出産で、上の子2人を実家に預けた。祖父母と病院に来てくれた時、「ママにプレゼント！」と野原の草花を持ってきてくれた。一生懸命つんでくれている姿を思い浮かべ、わたしもウルウル……。お花屋さんの花よりずっとずっときれいだったよ。（5・4歳）

●よく見ている？

わたしの誕生日に思いがけないプレゼントをもらった。「ママはいつもコーヒーを飲んでいるから」と、おこづかいで100円ショップのマグカップを買ってくれた。値段じゃなくてその気持ちがうれしかった。それにしても、わたしの行動をよく見ているのね。（8歳）

●ママと結婚する？

長男は「ボクは大きくなったらママと結婚するんだ」と言う。しかし娘はパパでなく「お兄ちゃんと結婚する」と言い続けてパパはがっかり……。（6歳）

●突然の告白

毎日寝る前に布団の中で絵本を読むのがわが家の日課。ある日、突然「ママだ～い好き！　何があってもずっとずっと一緒だよ」って……。胸キュン！（4歳）

●幸せになろう

赤ちゃんは「自分のことを愛してください」という願いだけでは足りず、「わたしを愛することで、お父さん、お母さんも幸せになってください」と願っていると佐々木正美先生の本に書いてあった。子どもを見ているとそれが本当だとわかる。家族みんなでハッピーになろうね。

ママはどうする？

「好き」という気持ちをたくさん交換しよう。親子・夫婦・兄弟みんなでね。

オマケの男の子の法則

だから、男の子って
おもしろい。

高いところに登る。

高いところをみつけると、登らずにいられない。幼い頃は、いすや棚の上、パパの頭の上によじ登る。歩きはじめると、低めのブロック塀の上がお気に入りに。

スポーツマンに育つかどうかは、休日のパパでわかる。

休日、家でゴロゴロしているパパと運動音痴のママから、スポーツ大好き少年は育たない。

姉に頭が上がらない。妹にも弱い。

姉と競い合うのは早々にあきらめ、その権力にしたがう傾向あり。一方、妹に対してはひたすら甘い。「大好きなお兄ちゃん」と言われるだけでメロメロだ。

いつもの所になければ「ない」。物は探せない。探さない。

冷蔵庫の牛乳の置き場所がちょっと違うだけで、「ママないよ～」。パッケージが違っているだけでも「牛乳がないよ」。この分野では、想像力の使いおしみをするので、探し物は苦手。

買い物がきらい。

スーパーに付いてくるのは食玩が目当て。それさえゲットすれば、「早く早く」とママをせき立てる。

脱いだ服のポッケには丸めたティッシュが入っている。

だから洗濯機内のすべての洗濯物に粉がふく。鼻水が出る花粉症の季節が特に危ない。「出して捨てて」と言い聞かせても、丸まったテッシュはいつもそのまんま。

「わかんない！」に、いろいろな意味がある。

「これは知られるとまずい」、「いちいち説明するのがめんどうくさい」、「白でも黒でもないから、答えられない」「質問の意味がわからない」など、いろいろな場合に男の子は「わかんない」という。

ママのまねはしない。

甘えん坊でママから離れられないくせに、ママの行動のまねはしない。そこが女の子と違うところ。でも、パパの行動はじっと観察。まねようとする。

なにはともあれ、肉が好き。魚ならマグロ。

おりこうさんをほめるにも、傷ついた心をなぐさめるにも焼き肉が、よく効く。「まわるお寿司」も効果が大きい。

真っすぐに歩かない。

手を離すと真っすぐ走り出すのに、手をつないで歩いている時はあっちこっちにふらふら。高いところに登り、穴は突っつき、水たまりにはパシャパシャ。小学生になっても通学路は、あっちこっちに蛇行する。

あとがき

この本は子育てネットの31人のママで作りました。

わたしたちは育児や心理学の専門家ではありませんから、「男の子とはこうである」と決めつけることはできません。そのかわり、日々の経験から「ここがわかっていると子育てに悩まないぞ」という体験を語ることはできると考えたのです。

だから、最初に男の子たちをじっくり観察し、レポート書き、それから「男の子ってこうなんだ」を発見するために話し合いを重ねました。

その編集会議は毎回、かなり盛り上がりました。自分の子どもがテーマなのに、かつて女友だちとお酒を飲みつつ「だから男っていうのはさ……」と恋人について熱く語り合ったシーンと重なる部分もありました。

わが子であっても「異性」です。しかも、「最愛の異性」ですから、話はつきません。

しかし、わが子の全貌を理解することはできません。これって、夫であるパパの全貌を理解することが不可能なのと同じことです。

ということは、夫と同じように、「わが子は異性である」ときちんと意識するというところに、「男の子の育児」のコツがあるように思えます。ここを意識すると、育児の悩みが軽くなるママもいるのではないでしょうか。

言葉をかえると、それは「子どもは自分の分身だ」といった思いこみを捨てること。子どもを客観視することでもあります。

すると「わたしはこの子のすべてがわかる＝素晴らしい子どもに育つか否かはわたししだいだ」という慢心もストップできます。その裏返しの気持ちである「この子が思うように育たないのは母親のわたしが悪いのだ」という自責感にもブレーキがかかります。

思うようにならないと悩むより、思うように育たないことを楽しむのが子育ての極意。

現実には、そんなことができるママはめったにいませんが、「男の子ってさ……」と会話する機会をたくさん作ると、そんな名人技に一歩一歩近づいていきます。

さて、話はかわって、この本をまとめる時にまよったふたつのことについて書かせていただきます。

まず、子どもの個性は千差万別で、男女差より、個人差のほうが大きいのではないか、ということ。

もうひとつは、行動や思考の男女差は、育てられ方や社会適応によってかたち作られる面がすごく大きいこと。つまりジェンダーの問題です。

この点を意識しているので、専門家が著わした育児書のほとんどは、性差について大きく扱いません。男の子であろうと、女の子であろうと、子育ては同じ、という姿勢が貫かれています。

でも、ママたちは、子どもの個性は千差万別とわかった上で、でもやっぱり男女の違いを実感しています。そして、そうした男女の違いは、「男の子らしく、女の子らしく」と鋳型にはめて育てている結果ばかりではないと感じています。

たしかに、男の子が自意識をもちはじめると「かわいい」より「かっこいい」を好むし、「男の子らしい」はほめ言葉として使われます。でも、ここまでは生まれもった性差で、ここからはジェンダーだと、線を引くことはできません。

それらの境目はすこぶる曖昧です。その曖昧なところで、育児方法の微調整をするサジ加減は、どんな育児の専門家より、現場の子育てママたちのほうが数段上だと、わたしは発見しました。

毎日、接している子どもが、サジ加減を教えてくれるのでしょう。

男の子って面白いと思っているママほど、観察眼がするどくて、育児が自然に上手になるように思います。

というわけで、再び同じ結論に達しました。

子どもたちは性差より個人差が大きいし、性差は育てられ方によって拡大することもあるけれど、それでも「男の子は異性だ」と意識すると、子育ての悩みが軽くなったり、子育ての楽しさが広がりますよ、と。

その楽しみを広げる助けをすることも、この本の役割です。

たくさん笑って、「そうそう！」と思っていただけたら幸せです。

最後に、本書をまとめるきっかけを提供してくださった大和書房第一編集局長矢島祥子さんと、編集担当の藤沢陽子さんに感謝します。とくに現在、男の子の子育て真っ最中の藤沢さんには、多くの示唆をいただきました。ありがとうございました。

子育てネット代表　高橋由美

とに……。そうしたら「息子と一緒」がとても楽！　男の子育てを楽しもっ！

【飛田美琴】
母も姉もわたしも“女の子のいる家”しか知らなかったのに。キミは父と旦那の悲願の“同志”。そして、わたしの“永遠の恋人”……もうしばらくかな？

【中村利恵】
異常な男たちが、日々日本に増えてきています。森瑤子さん曰く、「守るべき人がいて、男の子は男になる。」普通の男性に育てることがいかに大変か……。

【法月英里】
息子も夫もなぞだらけ！毛深い次男もよく吠える。なぞ・不思議、今は大事に味わおう。きっといつかキラキラ光る宝石になる！　輝くよ☆見てて☆

【細川ゆう子】
今は男の子だからと言って特別なことはしてません。この先、性別に応じて接していかなければ……と思っています。主人の幼少時を参考に！

【堀　容子】
姉妹で育ったわたしにとって男の子を育てるのはおもしろいプラス不思議なことばかり。細かいことを気にしては男の子の母はやってられない！男の子はかわいい！

【牧　真紀】
今だけかもしれないけれど、いつもお母さんの味方をしてくれるのは男の子ではありませんか？　手はかかるけどそれも今のうちだもん☆　がんばります。

【真下栄美子】
わが家の男の子は遠慮がちでがまん強い。自分より周りの気持ちを優先する。もっと自己主張してほしいとも思うけど、そういう優しさも大切だよね。

【松野誓子】
男の子って不思議 !?　でも子どもは誰でもかわいくて、かけがえのない存在。縁あって授かった命を大切に育み、親子で成長できたらと思ってます。

【丸山美紀子】
うちには野球少年が３人。洗濯と食事に追われる日々。息子の成長を振り返る機会を与えてくれたこの本に感謝！　笑いと涙で、母はたくましくなった。

【宮内敦子】
まさに、なぞなぞだらけの毎日ですが、子どもの毎日の様子をそっと観察していると、時々その意味がわかったりします。待つことの大切さを痛感しています。

【森崎沢佳】
38才にして３人の息子のお陰で「人生初体験」（ただ今、セミの羽化観察中！）の感動をもらっています。その連続に感謝、感謝の日々です！

【山根咲希】
男の子の子育ては体力的にキツいですが(笑)、子どもからの優しい言葉や笑顔でパワー充電できます！　これからも一緒に悩み笑いながら成長していきたいです。

【吉田博江】
姉妹で育ったわたしにとって、男の子は「未知の世界」。日々驚きの連続だけど、やっぱり超カワイイ！　ずっと今のままの君でいて欲しい。なんてね。

【森のくじら】
◆イラスト
「うん、うちの息子もそうだな」とイラスト描いていて気がついたのですが、「自分もいまだにそうじゃん！……」と。永遠に男の子です（笑）。

【木村協子】
◆デザイン
息子３人を持つ友人がいます。？十年、いろいろ聞かされていたことが、この本を読んだら一挙に腑に落ちました。なるほど、そうだったのね。

【今村理恵】
いくつまでママが一番☆でいてくれるのかな。少しずつ母から離れて成長していく姿、頼もしくもあり寂しくもあり……。やはり息子は永遠の恋人!?

【梅田あかね】
ある日義父が「なんかたくましくなったねぇ—と。そう！　わたしのこと！　むははっ。男の子ママは体力勝負っ！　笑顔で元気なママが理想ですね♪

【岡　時子】
３兄弟を育てているうちに、まるで３人も恋人がいるみたいで、とってもハッピー☆です。口下手だけど、口達者に反撃されるよりいいかも……。

【岡　美保】
彼らは脳ミソが違うものでできているとしか思えない。おかげで想定外のでき事を楽しむことと許容範囲を広げる必要を学んだ。そして世界の半分は男！

【小川智子】
こんなものがなるほどになり、さらにはなぜ？に。とても興味深かった。これからはイライラも興味津々。自分の性格は根っからの男の子ママと自覚した。

【鹿子嶋紀代美】
悩み多き子育て、悩んだ分思い出もたくさんできました。『なぞだらけの男の子』ですが、これからもたくさんの思い出を作っていきたいです。

【加藤やよい】
愛しいわが子たちとともに、強く、たくましく成長中です。どーんと構えて、子育てを楽しみましょう！　今しかないのだから……。

【金子由美】
長男を悪戦苦闘しながら育てているうちに、次男は伸びやかに成長した。この本を読んで、次男を育てているような余裕のある子育てができればと願っています。

【菊田美佐子】
純粋で無垢でヤンチャで単純で……。「お母さんのことが大好き」な男の子を育てることができて、あらためてよかったな～と思うことができました。

【駒澤昌子】
男の子の子育ては、驚きと怒りと爆笑の連続ですね。そんな不可解な男の子でもかわいくてかわいくて仕方ないのは、息子は母親の永遠の恋人だから!?

【相良典子】
反抗期に入っても、まだまだ甘えてくるわが子はとてもかわいい☆　小さい時にたくさんの愛情をそそいでいたせいかしら？

【佐藤実和子】
男の子は、異文化人と割り切って考えると、案外いろんな楽しい!?　発見もあるかも～と思うように日々心がけてます。

【重田　恵】
ほんとに不思議な男の子の成長過程。あなたを産んだのはわたしだけど、強くたくましく、ちょっぴり生意気に育っていくのはなぜなんだろう!?

【嶋田ヒデコ】
まだまだ幼いと思っていた小４の息子。でも自転車の修理やパソコンの扱いじゃ、いつの間にかわたしよりずっと上手に！　たくましい男の子になってネ。

【関口直子】
「ワンパクでもいい、たくましく育ってほしい」とは真逆に育っている息子。やさしく穏やかなのは彼の個性。これからもわたしなりの“男の子 育児”を楽しみたいです。

【高橋由美】
電車の中で男子中学生が会話をしていました。なんというか、内容がおバカで、アホらしくて、ほおが緩みます。いくつになっても、どこの家の子もかわいい！

【高見久美】
「ママってきれいでおしゃれでかわいくて美人で素敵で怒らなくて、ボクと遊んでくれて、宇宙一上等なママ!」と言ってくれる息子。かわいいです～。

【高橋宏枝】
男の子ってじつはすごくシンプル（単純）！なのでわたしも深く考えすぎず対応するこ

子育てネット

子育てネットは、「私たちにも何かできるはず」「私たちだからこそできることがある」と、平成元年に結成されました。メンバーがそれぞれの経験やホンネ、生活者としての視線を活かし、雑誌や単行本の出版活動や商品企画、手作りイベントなどを行っています。そのテーマは「子育て」だけでなく、「再就職」や「住まい」「自分育て」など、さまざまに拡大中。本書の制作には31人が参加しました。著書は、『ママも子どももハッピー！　上手な叱り方　ほめ方』（大和書房）、『子どもとでかける東京あそび場ガイド』『子どもとでかける神奈川あそび場ガイド』（メイツ出版）、『再就職ママの77の仕事』（ダイヤモンド社）、『ダメなママでもいいじゃない』（学研）、『3歳までの子育ての裏ワザ』『こんな時どうする？子どもの友だち・親同士』（PHP研究所）等、多数。

●子育てネット連絡先　〒107-0062　東京都港区南青山2-18-20-203　（株）メルプランニング内
http://www.meru-p.com　TEL03-3470-1053　FAX03-3470-1083

●編集協力＝メル　プランニング

男《おとこ》の子《こ》のなぞ！

先輩《せんぱい》ママだけが知《し》っている子育《こそだ》てアドバイス

2008年 3 月 1 日　　第一刷発行
2010年12月 5 日　　第七刷発行
著　者＝子育《こそだ》てネット
発行者＝佐藤　靖
発行所＝大和《だいわ》書房
東京都文京区関口1-33-4　〒112-0014
電話＝03-3203-4511　振替＝00160-9-64227

イラスト＝森のくじら
カバーデザイン＝Malpu Design（原田恵都子＋長谷川有香）
本文デザイン＝キムラオフィス（木村協子）

印刷所＝歩プロセス
製本所＝田中製本印刷

乱丁本・落丁本はお取替えいたします。
 ISBN978-4-479-78177-6
http://www.daiwashobo.co.jp